买套好房子

BUY A GOOD HOUSE

蒋杰◎编著

中国铁道出版社有限公司

CHINA RAILWAY PUBLISHING HOUSE CO., LTD.

内 容 简 介

本书是一本教会普通老百姓如何买到好房，避免陷入购房"陷阱"的实用工具书。全书共 10 章，主要包括三部分内容，第一部分介绍了买房的相关基础知识，做好买房前的准备；第二部分介绍了房屋买卖过程中需要注意的细节，如选房需要查看的因素、房屋买卖合同的签订以及收房验房的相关知识等；第三部分介绍了二手房的买卖、住房交易完成后的维权等。

本书在讲解过程中，重点介绍老百姓看房、选房、房屋贷款、签订购房合同、验房以及收房等较为关心的内容。同时，列举了大量真实买房过程中遇到的案例，无论是刚性需求的年轻人、有孩子的中年人及退休养老的老年人，都可以选用本书进行学习，真正做到买好房不求人。

图书在版编目（CIP）数据

买套好房子/蒋杰编著. —北京：中国铁道出版社，2019.1（2022.1重印）
　ISBN 978-7-113-24981-6

　Ⅰ.①买… Ⅱ.①蒋… Ⅲ.①住宅-选购-基本知识-中国 Ⅳ.①F299.233.5

　中国版本图书馆CIP数据核字（2018）第218074号

书　　名：买套好房子
作　　者：蒋　杰

责任编辑：张亚慧　　　编辑部电话：（010）51873035　　　邮箱：lampard@vip.163.com
封面设计：MXX DESIGN STUDIO
责任印制：赵星辰

出版发行：中国铁道出版社有限公司（100054，北京市西城区右安门西街 8 号）
印　　刷：佳兴达印刷（天津）有限公司
版　　次：2019 年 1 月第 1 版　　2022 年 1 月第 2 次印刷
开　　本：700 mm×1 000 mm 1/16　印张：16.75　字数：201 千
书　　号：ISBN 978-7-113-24981-6
定　　价：49.00 元

前 言

P R E F A C E

对于老百姓来说，买房是人生中的一件大事，很多人可能一辈子只有一次买房经历。但由于整个买房过程中涉及的环节非常多，包括看房、选房、认购和签订合同，以及贷款、收房、验房、维权等事宜，许多老百姓的买房知识有限，同时也缺乏买房经验，此时就容易掉入买房陷阱。

不管是刚性需求的买房者，还是改善生活需求的买房者，又或是准备退休的买房者等，面对居高不下的房价时，买房都会慎之又慎。

如何才能买到一套适合自己且性价比高的房子？如何做到买房、省钱两不误？本书就是为解决这样的疑问而编写的，目的就是要帮助老百姓成功买到心仪且质量好的房子，实现自己的"房产梦"。

本书对买房过程中可能遇到的各种问题都进行了详细介绍，让广大老百姓在看房选房、房屋贷款、签订购房合同以及验房收房时做到心中有数，以避免在将来买房时可能会遇到的各种陷阱。

本书包括 10 章内容，具体章节的内容如下所示。

◎ 第一部分：第 1 章

　　本部分主要介绍了买房的相关基础知识，包括房屋的基本情况、买房必须要知道的概念、房屋产权年限决定居住时间和房产政策调整等内容，帮助读者做好买房准备。

◎ 第二部分：第 2~7 章

　　本部分主要讲解了选房需要考虑的因素、房屋的类型选择、选房的细节、房屋买卖合同的签订和收房验房的相关知识。通过这部分内容的学习，买房者可以掌握整个房屋交易过程中需要注意的问题。

◎ 第三部分：第 8~10 章

　　本部分主要介绍了二手房的买卖、住房交易完成后产生纠纷时如何维权，以及买房中的"陷阱"如何防范等。通过对本部分内容的学习，读者可以放心购买新房或二手房。

　　本书语言通俗易懂，采用理论知识与实际案例相结合的方式进行叙述，以帮助读者更好地将理论知识运用到实际买房过程中，从而避免了理论知识脱离实际操作的局面。

　　根据涉及的内容，本书的读者群主要定位在有买房刚性需求的年轻人、有孩子的中年人以及退休养老的老年人等。

　　最后，希望所有读者都能够从本书中获益，在实际买房过程中购买到性价比高的房产，真正实现放心买房、买好房的愿望。由于编者能力有限以及房产政策的变化，对于本书不完善之处敬请读者批评指正。

编　者
2018 年 6 月

目　录

C O N T E N T S

第 1 章　做好完全准备工作，买房不吃亏

第2章 "菜鸟"如何修炼成选房高手

第3章　选择不一样的住房，拥有不一样的生活

第4章 选房细节多，仔细观察不上当

第5章 合同签订需仔细，错了反悔来不及

第6章　买房付款花样多，看你如何做选择

第7章　收房验房责任大，不要轻易做决定

第8章 退而求其次，二手房也不差

第9章　住房交易完成，后期权益如何维护

第10章　买房陷阱何其多，你不防范就认栽

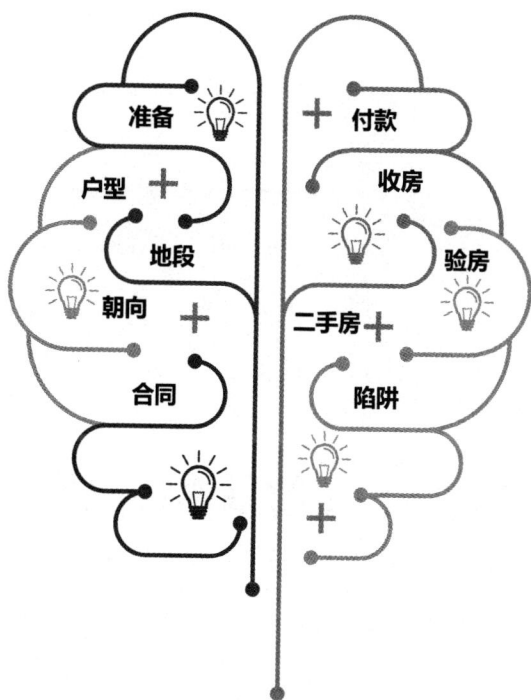

准备

户型

地段

朝向

合同

付款

收房

验房

二手房

陷阱

第1章
做好完全准备工作，买房不吃亏

买房，是老百姓一生当中一件非常重要的事情。所谓安居才能乐业，对于老百姓来讲，买到一套称心如意的住房至关重要。因此，要实现这个愿望，买房前的准备工作千万不能马虎。

好房不在少，了解基本情况很重要

在买房的相关准备中，至关重要的一条就是理智。因为买房是一项巨大的投资，许多人一生中可能只会买一套房。如果买房者头脑发热，失去理智，盲目买房，将来多半会后悔，所以在买房之前需要了解相关的基本情况，如购买能力、判断房价涨跌情况等。

评估买房能力

买房能力，简单理解就是是否有能力买房，比如一次性买房或贷款买房。买房能力的大小也决定着老百姓将购买多大面积的房子，关系着买房后的生活质量如何，所以评估好自己的买房能力是很有必要的。那么，我们应该如何评估自己的买房能力呢？主要可以从以下5个方面来进行评估。

◆ **评估现有资金：**现有资金不仅仅是指自己在银行中的存款，还有当前可变现的资金，如投资理财产品。也就是说，买房者的现有资金包括银行存款、股票、基金以及债券等资产的总和。

◆ **考虑家庭近期收支情况**：家庭近期的收支状况与买房能力息息相关，如果买房者手里有15万元，但是下个月需要缴纳3万元的租房费（年付），就不能说自己的买房能力很强。买房者将家庭平均月收入扣除日常生活开支预备资金后，就可以得到家庭每月可灵活运用的资金，也能清楚近期的大概经济状况。如果抛开各种必要开支和可预见的大额开支，活动资金还比较充裕，可以负担首付款，才可以考虑买房。

◆ **评估还款能力**：首先确定自身能够承受的每月还款额，这要在力所能及的情况下进行，每月的还款额通常不应超过家庭总收入的50%。此外，还要考虑银行利率的高低、分期付款的期限以及还款方式等因素。

◆ **估算贷款的最大额度**：买房者的贷款额度与收入、信用记录以及经济实力等因素有关，所以在估算贷款额度时需要结合多方面的因素进行考虑。通常最大贷款额度可以是首付款、银行可借款额和公积金可贷金额的总和，在估算时还要结合实际情况。

◆ **查询银行信用状况**：如果买房者需要贷款买房，银行在批准住房贷款前会查询贷款人的信用情况，若有多次银行逾期还款的情况，那么买房者很可能被银行拒绝贷款，此时就只能选择一次性付款买房。所以查询个人银行信用状况十分重要，这不仅关系着买房者是否能成功贷款，还影响着买房者的贷款额度。

如果买房者在清楚了买房能力的评估方法后，还是无法确认自己是否可以买房，此时就可以借助一些买房能力评估工具来进行测试。网络中有很多这样的工具，几乎每个买房网站都会为买房者提供，下面我们就以吉屋网为例进行介绍。

进入吉屋网的购房能力评估页面（http://www.jiwu.com/calculator/house/），依次输入可用于购房的资金、现家庭月收入、每月可用于购房支出以及期望偿还贷款的年限等数据，单击"开始计算"按钮，即可在页面下方显示出买房者可购买的房屋总价与单价，如图1-1所示。

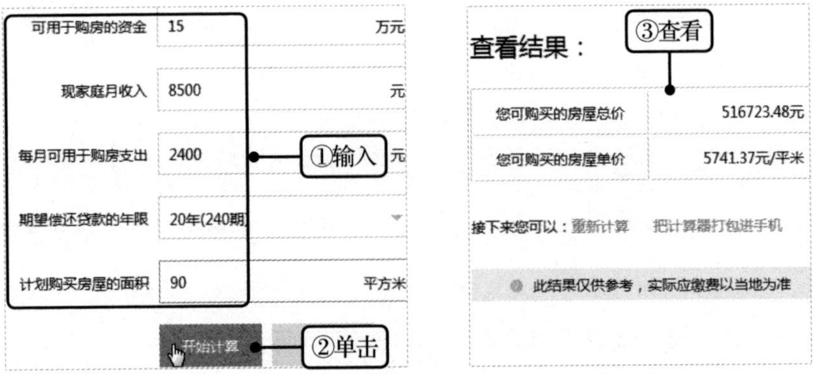

图 1-1

了解买房成本的组成因素

在当下的中国，不但房价越来越高，买房成本也越来越高，除了要支付房屋本身的价款外，还需要缴纳各种税费。买房者在买房的过程中，常常会遇到开发商或中介公司以各种名义来收取或变相收取费用的情况，下面就来看看买房的基本成本有哪些，这样可以使买房者做到心中有数，避免被他人欺骗。

（1）房屋价格

购房置业，其价格成本是核心置业成本，房屋价格的高低直接决定置业成本的高低。在房屋价格一路高升的我国，特别是一线城市，如果买房者不考虑房价去买房子，那肯定是不行的。所以在买房的过程中，首先需要重点考虑房屋价格成本是否符合自己现有的条件，不要盲目追求高大上的房屋，而是选择自己可以接受的房价的房屋。

（2）看房选房成本

有些人在计划买房时，可能会看上百次的房，甚至花上几年的时间，最后买到房子的时候，并不见得房子有多好或是便宜了多少，这样实际上非常不划算，因为每次看房选房会耗费很多时间成本、精力成本和费用成本等。例如，如果选购的房产距离工作、交际圈过远，多次看房就会大大提高交通成本，所以买房者要明确心中的标准以争取不用太多次就能将房子确定下来。

（3）税费成本

买房者在明确买房目标之后，一些房屋购买的基本费用就需要提前计算，如登记费用、契税、保险费、交易手续费、贷款费用以及抵押登记费等，虽然这些费用表面上看起来并不是很多，但与房屋总价结合起来计算，也是一笔不小的开支。所以买房者不能稀里糊涂就买房，一定要先计算清楚。

（4）生活成本

买房者在入住购买的房屋之后，生活成本就会变得越来越重要。房屋周围的生活圈是衡量买房效益和买房质量的一个有效参数，生活成本支出越小，表明所买房屋的性价比越高。因此，买房后额外付出的成本就会越来越小。

（5）出行的时间成本

买房者在购买房屋之前，还要认真考虑出行的时间成本。现如今，城市出行的时间成本和交通成本越来越昂贵。例如，一个人如果每天花费两个小时在交通上，一年就大约有一个月的时间是待在交通工具上，那么这一辈子将会有很长的时间耗费在路上，如果把每天花费的两小时集中起来，花费在工作或其他方面，则可能为自己或他人创造出更多的经济效益。如果再将时限放大到 50 年，时间成本的价值就显得十分惊人了。

判断当前房价的涨跌情况

目前，中国的房地产行业已经成为千家万户最为关心的一个领域。虽然从宏观调控的角度来说，国家要挤掉泡沫使经济正常发展，而不是让楼市崩盘，但是毕竟没有人能预测未来，经济也不可能完全按照规定的路线发展，很多意外可能会突然发生。同时，房产的交易周期比较长，是高价买进，还是持币观望，买房者都需要三思而后行。

因此，买房者在决定买房之前，还需要判断当前房价是涨还是跌。不管是买来自住还是其他情况，谁都不愿意在最高价时买到房屋。当然，买房者除了从舆论中获得房价涨跌情况，还可以根据国家统计信号来进行判断。因此，判断真假涨跌信号，对买房者来说非常重要。影响房价的因素主要包括市场信息和统计信息两大类，不过市场信息往往真假难辨，而统计信息的滞后性又决定了它有许多靠不住的地方。

其实，无论市场如何走，政策如何改变，决定房价真实下跌的信号主要有 3 种，分别是买房心态与预期、信贷紧缩和持续促销不能。

◆ **买房心态与预期**：是指买房者的心态被扭转，大家一致预期房价会大跌，集体选择观望，且后期市场环境与政策运行也吻合，该预期下会不断有刺激性政策出台、成交量减弱以及促销现象出现等，同时某些刚需房也选择同步退市。在这种需求停滞状态中，开发商如果不主动降价便可能因为市场发展而被迫降价。

◆ **信贷紧缩**：信贷紧缩并不是指个人贷款，所谓信贷紧缩导致房价下跌主要是指开发商信贷的紧缩。对于个人贷款来说，银行有自己的评判标准，如果是优质客源，银行并不担心会有风险的发生。

◆ **持续促销不能**：是指开发商即便是全线促销，成交量还是没有得到提高，同时许多买房者依然在持币观望，这与泡沫破裂的前兆类似，日本曾经就发生过类似的情况，不过中国国土面积较大，资本可以在全国范围内流动，楼市泡沫不会轻易发生。

目前，市场出现的部分信号充其量是开发商的心态调整与试探措施，并不代表后市房价会真实上涨或下跌，其具体有以下几种情况。

（1）成交量大规模下跌

短期成交量大幅下跌只是市场对政策的表面反应，多数原因是各方受政策影响均存在观望。对许多一线城市来说，还有一个主要原因就是之前的成交中投资与投机的买房者太多，而新政策直接使这部分买房者受到控制，毕竟只有这样才会让市场的真实需求显现出来。

（2）开工量大面积减少

2016 年上半年，深圳房地产市场不仅出现了成交量剧减的情况，还出现了土地出让量也逐步减少且地价下降的现象，进而导致开工量减少，由此许多人认为深圳房价即将出现大规模下跌。而事实上，深圳的房价在 2016 年的下半年不跌反涨。

开工量减少主要是因为开发商对通胀周期与调控政策的谨慎应对，因此会通过减量来降低开支并且有时间观望政策后期的走势。由于市场存在着供求关系，开工量减少，就会导致供求关系变得紧张，进而使房价发生变化，但这不能看作是房价涨跌的主导原因。

（3）土地市场地价降幅较大

如果买房者认为土地价格下降或没有之前那样疯狂上涨，房价就会随之下跌，那么就是想错了。因为当前市场处于政策的调控之中，开发商正在积极储备资本，以至于投资热情出现了有所降低的现象。而土地市场出现地价降幅较大导致房价有所下降，主要是因为开发商对房屋的供应放缓存在着一定的缓冲时间，房价即便是真的下跌，也不会立即就在市场中反映出来，通常需要大半年到一年的时间。

（4）宣传册中出现较多促销信息

在房地产市场中，有时候会出现某个开发商主动降价的情况。例如，2008 年万科集团旗下的所有楼盘降价销售，而此时万科主动降价并不是为了市场利润，而是为了获得更多的市场份额，即为了更远的战略目标考虑，并不是大家所预测的房价即将下跌。

若开发商要真正降价，并不需要在宣传册中大做文章。但如果某个楼盘出现了大面积的宣传促销，则意味着开发商只是小范围出货，并借助于减速销售来达到变相"捂"盘的目的，等待时机进而提高房价。

买房必须要知道的名词解释

在购买房屋的过程中会遇到很多专业名词，有些买房者并不是很清楚甚至是完全不清楚它们的含义，而这恰好被某些中介或售楼者利用，从而导致自己在买房时上当受骗。本节将通过问答的方式对一些常见的买房名词进行介绍。

买房综合知识名词

对于初次买房的购房者来说，很可能只知道住宅小区、商业用房是什么，但是一说到买房中比较专业的名词时就完全不懂了，如期房、现房等，如表 1-1 所示为买房者需要了解的买房综合知识名词。

表 1-1　常见的买房综合知识名词

知识名词名称	释义
成套住宅	是指由若干卧室、起居室、厨房、卫生间、室内走道或客厅等组成的供一户使用的住宅

续表

知识名词名称	释义
非成套住宅	是指供人们生活居住但不成套的房屋。一般是指厨卫不在房屋内，在过道另一面，通常是几户人家共用厨卫
商品房	是指开发商通过招标、拍卖以及挂牌等有偿转让方式取得土地使用权后开发建设的房屋，按市场价出售
商业用房	是指各类商场、临街房、门面房、餐馆、宾馆等从事商业和为居民生活服务所用的房屋
房屋的所有权	是指对房屋全面支配的权利。《民法通则》规定：房屋的所有权分为占有权、使用权、收益权和处分权4项，这也是房屋所有权的4项基本内容
房屋权利人	是指依法享有房屋所有权和该房屋占用范围内的土地使用权、房地产他项权利的法人、其他组织和自然人
房屋权属证书	是权利人依法拥有房屋所有权并对房屋行使占有、使用、收益和处分权利的唯一合法凭证，包括《不动产证》《房屋共有权证》《房屋他项权证》《房地产共有权证》和《房地产他项权证》等
共有房产	是指两个或两个以上的人对同一项房产共同享有所有权
共同共有房产	是指两个或两个以上的人对全部共有房产不分份额地享有平等的所有权
房屋共有权证	是指由县级以上房屋行政管理部门对共有的房屋向共有权人核发，每个共有权人各持一份的权利证书。《房屋共有权证》是《房屋所有权证》的附件，用于证明共有房屋的权属。一套共有房屋可以有多个《房屋共有权证》，比如3个人共同购买一套商品房或夫妻双方均在购买合同上签字，都会向共有人发放《房屋共有权证》
他项权证	是指在他项权利登记后，由房管部门核发，由抵押权人持有的权利证书
预售登记备案	是指开发商和预购人签订书面合同后，在一定期限内将预售合同相关文件送到当地房屋行政管理部门进行审查登记并备案的一种制度
房屋权属登记	是指房地产行政主管部门代表政府对房屋所有权以及由所有权产生的抵押权等房屋他项权利进行登记，并依法确认房屋产权归属关系的行为

续表

知识名词名称	释义
期房	是指开发商从取得商品房预售许可证开始至取得房地产权证（大产证）止，在这一期间的商品房称为期房，买房者在这一阶段购买商品房时应签订预售合同。出售期房是当前房地产开发商普遍采用的一种房屋销售方式，以便于资金的回笼
现房	是指开发商已办妥所售房屋的大产权证的商品房，与买房者签订商品房买卖合同后，立即可以办理入住并取得产权证。当然，只有拥有房产证和土地使用证才能称为现房
准现房	是指房屋主体已基本封顶完工，小区内的楼宇及设施的大致轮廓已初现，房型、楼间距等重要因素已经一目了然，工程正处在内外墙装修和进行配套施工阶段
经济适用住房	是指根据国家经济适用住房建设计划安排建设的住宅，是国家为解决城市中低收入家庭住房问题而实行的一项住房政策。经济适用住房的建设由国家统一下达计划，用地一般实行行政划拨的方式，免收土地出让金，对各种经批准的收费实行减半征收，出售价格实行政府指导价，按保本微利的原则确定，一般利润率控制在 3% 左右。对于商品房来说，经济适用住房具有 3 个显著特征，分别是经济性、保障性和实用性
房屋销售的起价	是指房地产开发项目各楼层销售价格中的最低价格。一般情况下，高层住宅以最低层的销售价为起步价，随着楼层的增高房价也随之增加
尾房	是空置房中的一种，也就是开发商卖剩下的房屋。一般情况下，当商品住宅的销售量达到 80% 以后，开发商已经获利，就会进入项目的清盘销售阶段，此时所销售的房产则称为尾房。开发商经过正常的销售后剩下少量不好卖的房屋，它们可能存在朝向不好、采光不足、楼层不好、有噪声或有质量瑕疵等问题
烂尾房	是指那些由于开发商资金不足、楼盘定位错误等原因，导致房屋无法出售、大面积空置或无法回收前期投资，更无力进行后续建设，甚至整个项目停止建设
会所	是指以所在开发项目的业主为主要服务对象的综合性公共配套服务设施，通常会所包括游泳池、网球或羽毛球场、健身房、咖啡厅等服务设施，这些设施一般对业主免费或优惠开放

续表

知识名词名称	释义
业主委员会	是指由物业管理区域内业主代表组成，代表业主的利益，向社会各方反映业主的意愿和要求，并监督物业管理公司管理运作的一个组织，其合法权益受国家法律保护
业主大会	是指由物业管理区域内全体业主组成，决定物业管理重大事项的业主自治管理组织。业主大会应当代表和维护物业管理区域内全体业主在物业管理活动中的合法权益
网签	是指交易双方签订合同后，到房地产相关部门进行备案，并公布在网上。然后会给用户一个网签号，用户可以通过网签号在网上进行查询。网签是为了让房地产交易更加透明化，防止"一房多卖"，签订合同后可以撤销

房地产开发与房屋面积名词

房地产开发是指在依据《中华人民共和国城市房地产管理法》取得国有土地使用权的土地上进行基础设施、房屋建设的经济行为。当前，房地产开发活动在人们的生活中占据越来越重要的地位，经济越发达，房地产开发的范围越广，内容越丰富。而房屋面积，简单来说就是指每户（套）内全部可供使用的空间面积。房屋面积有多种分法和分类，包括使用面积、套内墙体面积以及阳台建筑面积等。因此，房地产开发与房屋面积知识也涉及许多名词，如表1-2所示。

表1-2　房地产开发与房屋面积知识名词

知识名词	释义
三通一平	也称净地，是指基本建设项目开工的前提条件，具体指水通、电通、路通和场地平整
房产五证	房地产商在预售商品房时应具备《国有土地使用证》《建设用地规划许可证》《建设工程规划许可证》《建筑工程施工许可证》和《商品房预售许可证》

续表

知识名词	释义
七通一平	也称熟地，是指生地在经过一级开发后，使其达到具备上水、雨水、污水、电力、暖气、电信和道路通以及场地平整的条件，使二级开发商可以进场施工建设。目前，七通一平工作由政府的土地整理储备中心负责或委托专业的土地一级开发商负责
房屋产权面积	是指产权人依法拥有房屋所有权的房屋建筑面积，房屋产权面积由直辖市、市、县房地产行政主管部门登记确认
房屋预测面积	也称暂测面积，是指在商品房期房（有预售销售证的合法销售项目）销售中，根据国家规定，由房地产主管机构认定具有测绘资质的房屋测量机构，主要依据施工图纸、实地考察和国家测量规范对尚未施工的房屋面积进行预先测量计算的行为
房屋实测面积	是指商品房竣工验收后，工程规划相关主管部门审核合格，开发商依据国家规定委托具有测绘资质的房屋测绘机构参考图纸、预测数据及国家测绘规范的规定对楼宇进行实地勘测、绘图、计算而得出的面积。是开发商和业主办理房屋面积结算的依据，是业主办理产权证、结算物业费及相关费用的最终依据
公用建筑面积	是指各产权主共同占有或共同使用的建筑面积，其内容包括电梯井、管道井、楼梯间、垃圾道、变电室、设备间、公共门厅、过道、地下室、值班警卫室等，以及为整幢楼服务的公共用房和管理用房的建筑面积，以水平投影面积计算。共有建筑面积还包括公共建筑之间的分隔墙，以及外墙（包括山墙）水平投影面积一半的建筑面积
公用建筑面积分摊系数	将建筑物整栋的公用建筑面积除以整栋楼各套套内建筑面积之和，得到建筑物的公用建筑面积分摊系数。即公用建筑面积分摊系数＝公用建筑面积／套内建筑面积之和
房屋建筑面积	是指住宅建筑外墙勒脚以上外围水平面测定的各层平面面积，每层建筑面积按建筑物勒脚以上外墙围水平截面计算。建筑面积包括 3 项，即使用面积、辅助面积和结构面积，即建筑面积＝有效面积＋结构面积＝使用面积＋辅助面积＋结构面积＝结构面积＋辅助面积＋套内使用面积
房屋使用面积	是指住宅各层平面中直接供住户生活使用的净面积之和。计算住宅使用面积，可以比较直观地反映住宅的使用状况，但在房屋买卖中一般不采用使用面积来计算价格。即套内面积减去套内墙体面积，也就是屋中的净使用面积

续表

知识名词	释义
套内建筑面积	套内建筑面积 = 套内使用面积 + 套内墙体面积 + 阳台建筑面积
房屋辅助面积	是指住宅建筑各层中不直接供住户生活的室内净面积。包括过道、厨房、卫生间、起居室、储藏室等
房屋竣工面积	是指竣工的各幢房屋建筑面积之和。竣工的房屋建筑应是按照设计要求全部完工，经验收合格的建筑
得房率	是指套内建筑面积与建筑面积之比
实用率	是指套内建筑面积和住宅面积之比，大于使用率。即使用率 = 套内建筑面积 ／（套内建筑面积 + 分摊的共有共用建筑面积）

房屋贷款及税费知识名词

在国内，中高房价已经成为大部分城市的代名词。虽说如此，房子还是要买，因此许多买房者都会选择向银行申请贷款买房，那么房屋贷款需要了解哪些专业名词呢？同时，买房还会涉及各种税费，下面就来看看房屋贷款及税费所涉及的知识名词，如表1-3所示。

表1-3　房屋贷款及税费所涉及的知识名词

知识名词	释义
个人住房抵押贷款	是指借款人以本人名下的房产抵押，向贷款银行或者其他金融机构申请用于个人合法合规用途的人民币贷款，包括个人购房、购车、消费、经营等多种贷款用途。借款人到期不能归还贷款本息，银行有权依法处理其抵押房地产以获得清偿
个人住房担保贷款	是指借款人或第三人以所购住房和其他具有所有权的财产作为抵押物、质押物或由第三人为其贷款提供担保，并承担连带责任的贷款。借款人到期不能偿还贷款本息，银行有权依法处理抵押物或质押物或要求保证人承担连带偿还本息的责任
契税	是以所有权发生转移变动的不动产为征税对象，向产权承受人征收的一种财产税。应缴税范围包括土地使用权出售、赠予和交换、房屋买卖、房屋赠予以及房屋交换等

续表

知识名词	释义
印花税	是对经济活动和经济交往中设立、领受具有法律效力的凭证的行为所征收的一种税。印花税的纳税人包括在中国境内设立、领受规定经济凭证的企业、行政单位、事业单位、军事单位、社会团体、其他单位、个体工商户和其他个人，税率为成交额的 0.5‰
公共维修基金	住宅楼房的公共部位和共用设施、设备的维修养护基金。单位售卖公房的公共维修基金，由售房单位和购房职工共同筹集，所有权归购房人，用于售出住宅楼房公共部位和共用设施、设备的维修和养护
物业费	是物业产权人、使用人委托物业管理单位对居住小区内的房屋建筑及其设备、公用设施、绿化、卫生、交通、治安和环境等项目进行日常维护、修缮、整治及提供其他与居民生活相关的服务所收取的费用
土地出让金	是指各级政府土地管理部门将土地使用权出让给土地使用者，按规定向受让人收取的土地出让的全部价款或土地使用期满，土地使用者需要续期而向土地管理部门缴纳的续期土地出让价款，或原通过行政划拨获得土地使用权的土地使用者，将土地使用权有偿转让、出租、抵押、作价入股和投资，按规定补交的土地出让价款
个人所得税	是指个人将拥有合法产权的房屋转让、出租或其他活动并取得收入，就其所得计算征收的一种税赋
房地产交易手续费	是指由政府依法设立的，由房地产主管部门设立的房地产交易机构为房屋权利人办理交易过户等手续所收取的费用。目前北京市已取消了这项费用
房屋权属登记费	即房屋所有权登记费，是指县级以上地方人民政府行使房产行政管理职能的部门依法对房屋所有权进行登记，并核发房屋所有权证书时，向房屋所有权人收取的登记费，不包括房产测绘机构收取的房产测绘（勘丈）费用

房屋产权年限决定居住时间

房屋产权年限指房屋建筑产权的归属年限，包括民用住宅建筑、工业用地建筑和商用建筑。按建筑使用类型有所不同，一般民用住宅建筑权属年限为 70 年，工业用地建筑权属年限为 50 年，商用房屋建筑权属年限为 40 年，而房屋的使用寿命通常长于这个年限，这个问题对于老百姓买房就显得尤其重要。不过，不少买房者在买房时不禁会产生疑问，产权年限对自己买房到底有何影响？本节就来回答买房者的疑问。

小产权房是否值得购买

有买房经验的买房者都知道，小产权房不能办理房产证，一般不要购买。但是很多消费者还是会因为位置优势，或者被告知有大证指产权总证只是办不出小证（指每个业主的房产证），以后交少许罚款也许能办出来，只是时间问题等噱头的"引诱"，最终选择了买小产权房。那么，小产权房到底值不值得购买呢？下面就来对其进行详细介绍。

（1）小产权房和大产权房的区别

简单来说，大产权房是小产权房的相对词，也就是购房者有了《不动产证》，可以合法地进行二手房交易，买的房建在合法的建筑用地上。大产权房具有占有、使用、收益和处分4项完整的权能。

小产权房是指在农村集体土地上建设的房屋，未缴纳土地出让金等费用，其产权证不是由国家房管部门颁发，而是由乡政府或村政府颁发，亦称"乡产权房"。"小产权房"不是法律概念，是人们在社会实践中形成的一种约定俗成的称谓。该类房没有国家发放的土地使用证和预售许可证，购房合同在国土房管局不会给予备案，而所谓产权证亦不是真正合法有效的产权证。小产权房与平常所讲的大产权房的争议不在房屋所有权，而是土地使用权。

而区别大小产权房最简单的方式，就是看该房是否具有产权证，产权证由什么单位颁发。由国家房管部门颁发的产权证叫"大产权房"，国家不发产权证的叫"小产权房"，其中所有乡政府、地方政府所颁发的产权证，一律不具备房屋所有权。

（2）常见小产权房的种类有哪些

小产权房通常是一些村集体组织或者开发商打着新农村建设等名义出售的，建在集体土地上的房屋或是由农民自行组织建造的"商品房"。常见的小产权房种类一般可以细分为3种，分别是普通小产权房、乡产权房和军产权房。

◆ **普通小产权房**：此类产权房大多是在集体企业用地或者占用耕地违法建设的房子，其特质是产权不满70年，没有不动产证。

销售的形式不是出售，而是出租，所签合同一般也为租赁合同。

◆ **乡产权房**：此类产权房是在集体建设用地上建成，即"宅基地"上建成的房子，只属于该村的集体所有者，外村村民不能购买。不过其通常具备完整的 70 年产权，有不动产证。但该房屋产权证的办理单位多为乡政府或村政府，不具备完整的房屋产权，部分房屋产权证甚至不具备法律效力。

◆ **军产权房**：此类产权房目前尚无明确规范的定义，一般是指在军队使用的土地上开发建设所有权归军队所有的房屋。一般是部队出地皮，开发商出资金来建设，利益共享。此类产权房的购买手续简单，不交契税，通常为 70 年使用权。严格来讲，法律是不允许军产权房买卖的，所以通过特殊渠道购买到的军产权房，在一定层面上来说是不合法的，房屋的权益不受法律保护。

（3）买小产权房会具备一定的风险

由于小产权房本身并不是合法房产，所以不会受到法律的保护，因此购买小产权房会有一定的风险，具体风险如表 1-4 所示。

表 1-4　买小产权房所面临的风险

风险名称	说明
缺少"五证"	商品房之所以公开出售，其主要是具备开发的条件，"五证"齐全，即国有土地使用证、规划许可证、规划工程许可证、施工许可证和商品房预（销）售许可证。而"小产权房"由于缺乏国有土地使用证，也就不能办理不动产证，不受法律的保护
拆迁难补偿	除了不能办理房产证外，某些便宜的"小产权房"实际上属于在政府规定范围以外的违章建筑，如果和国家的规划相冲突，很有可能被拆除，而且业主也不会得到拆迁安置补偿
配套不完善	小产权房几乎都没有暖气、天然气等配套设施。如果将来一旦出现纠纷，可能连水电都会被切断

续表

风险名称	说明
质量难保证	房屋质量没人监督，一些开发商为赚钱会偷工减料，存在安全隐患。这类房屋一般由土地所在村开发，除了房屋质量和房屋售后保修难以保证以外，入住后的物业管理也极容易出现问题
不能抵押或者上市转卖	由于没有正规的产权证，小产权房不能作为抵押或上市转卖
不能抵押贷款	小产权房不能在房地产管理部门登记备案，所以不可以办理抵押等他项权利，没有他项权利就相当于没有合法的质押物抵押到银行，银行贷款也就无法批复

70年房屋产权到期怎么办

2016年4月，一则温州房产新闻占据了各大媒体头条：温州部分市民因土地使用年限到期或即将到期，必须缴纳占房价总额约1/3的土地出让金才能重新办理土地证。土地证上写着20年到期，有的人刚花180万元买了房，转眼又要掏60万元续费，这简直让人难以接受。

对于大多数人来说，房屋是最重要的资产之一。民用住宅70年产权到期后怎么办？买房者的房屋在70年产权到期后会被收回吗？房屋产权到期后能否续约继续使用？相信这些问题是每个买房者的疑惑。

其实，房屋产权分为两部分，即房屋所有权和土地使用权。房屋所有权为永久性，而土地使用权是有期限的，分为70年、50年和40年。开发商想要修建房屋，需要通过土地使用权出让获得土地使用权。土地使用权出让是指国家将土地使用权，在一定年限内出让给土地使用者，由土地使用者向国家支付土地使用权出让金的行为。那么，当买房者的房屋使用到期以后，房屋还属于自己吗？答案是肯定的。

根据 2007 年 10 月 1 日起施行的《物权法》中的明确规定：住宅建设用地使用权期间届满的，自动续期。土地上的房屋及其他不动产的归属，有约定的，按照约定执行；没有约定或约定不明确的，依照法律、行政法规的规定办理。而土地使用 70 年到期后，如果再次申请土地使用权，应根据当时的地价水平，补缴土地出让金。其处理方法有下面 3 种。

◆ 土地使用者向土地管理部门提交续期申请书，除根据社会公共利益需要收回的，应当予以批准。获得批准续期的，重新签订土地有偿使用合同，支付土地有偿使用费。这样，买房者的房产所有权便得以延续。当然，变成危房强制拆除的除外。

◆ 土地使用者未申请续期时，土地使用权和地上房产由国家无偿收回，房屋所有权也就自然消失。

◆ 土地使用者提出续期申请，根据法律规定没有批准续期时，土地使用权被国家无偿收回，但对于地上房产，根据收回时的残余价值给予相应补偿。

因此，所谓的产权到期就是指土地使用权到期，理论上只要申请并补足土地出让金即可。

小贴士

不少人认为房地产不会像其他商品一样越用越贬值，而是会保值或增值，其实这种观点是错误的。例如，一幢使用年限为 70 年的建筑，70 年后的残值为 0 元，因为房屋、建筑物等固定资产计算折旧的最低年限为 20 年。显然，建筑物本身不可能增值，增值的只有土地。

酒店式公寓与公寓式酒店，不弄清楚吃大亏

酒店式公寓、公寓式酒店，这像不像绕口令？像，正是因为像绕

口令，才使得买房者弄不清楚，最终给自己带来麻烦。许多开发商在宣传中经常会提到"酒店式公寓""公寓式酒店"，但很多买房者根本不理解这些名词的含义，下面就从多方面来介绍 70 年产权酒店式公寓和 40 年产权公寓式酒店的区别。

酒店式公寓属于居住建筑，土地使用分类为住宅用地，房屋用途为居住，土地使用年限为 70 年，其特殊性在于酒店式的管理，但本质上仍然是公寓，常见的酒店式公寓有创业公寓、青年 SOHO 等。公寓式酒店属于旅馆建筑，土地使用分类为商业用地，房屋用途为旅馆，土地使用年限为 40 年。其特殊性在于按照公寓式或者单元式房型进行设计建造，但本质上仍是酒店，不属于住宅。它们的区别如表 1-5 所示。

表 1-5 酒店式公寓与公寓式酒店的区别

对比项	酒店式公寓	公寓式酒店
产权	70 年	40 年
物业性质	住宅类物业，可拥有个人产权，可以居住、出租或转售	酒店类物业（非住宅），整个物业只能由机构或公司进行投资再交由一家专业酒店公司进行管理。由于产权属于机构或公司的，因此不能将客房分割出售给个人
首付	30%	50%
管理方式	酒店式商务服务、物业管理、保洁服务和租赁管理	酒店管理、厨房、客厅、全套家电和融入普通住宅的功能
水电费	按民用水电费标准缴纳	按商用水电费标准缴纳
新房契税	90 平方米（含）以下：1% 90 平方米以上：1.5%	3%

（1）产权年限

产权年限是指房屋建筑产权的归属年限，其包括民用住宅建筑、商用建筑和工业用建筑，建筑使用年限以不同的土地性质来决定。根据《中华人民共和国城镇国有土地使用权出让和转让暂行条例》第十二条规定：土地使用权出让最高年限按用途确定，居住用地70年；工业用地50年；教育、科技、文化、卫生、体育用地50年；商业、旅游、娱乐用地40年；综合或者其他用地50年。

由此可以看出，酒店式公寓为居住用地，产权为70年；公寓式酒店为商业用地，产权为40年。

（2）用地性质

用地性质是指城市规划管理部门根据城市总体规划的需要，对某宗具体用地所规定的用途。城市建设用地主要分为八大类，分别是居住用地、公共管理与公共服务设施用地、商业服务业设施用地、工业用地、物流仓储用地、道路与交通设施用地、公用设施用地以及绿地与广场用地。

由此可知，酒店式公寓用地性质属于居住用地，而公寓式酒店用地性质属于商业服务业设施用地。

（3）首付

首付就是买房时按国家比例第一次支付的最低比例款项，当然支付也可以高于这个额度，但是不能低于它，余下的从银行贷款。这主要是因为考虑贷款的还款风险，相关部门都会要求买房者提供一部分首付，即预先由个人支付一部分房款，以证明买房者有还款能力。

那么首付比例到底是多少呢？这还要看购房者所在的城市的限购政策、购房的性质，以及是否是首套房有所不同。以北京为例，按 2018 年的政策，普通住宅首套房最低首付比例为 35%，二套房最低首付比例为 60%；非普通住宅首套房最低首付为 40%，二套房最低首付比例为 80%。

（4）管理方式

酒店式公寓是一种提供酒店式管理服务的公寓，集住宅、酒店、等多功能于一体。公寓式酒店就是设置于酒店内部，以公寓形式存在的酒店套房，其类似于公寓，有居家的格局和良好的居住功能，有客厅、卧室、厨房和卫生间，配有全套家具与家电，能够为客人提供酒店的专业服务，如室内打扫、床单更换及一些商务服务等。

（5）水电

在建筑物中的水电分为民用水电和非民用水电，70 年产权的居住用地水电标准按民用水电标准缴纳，40 年产权的商业用地按商业水电标准缴纳，通常商业水电比民用水电贵很多。而酒店式公寓属于民用水电，公寓式酒店属于商用水电。

（6）契税

契税是指不动产（土地、房屋）产权发生转移变动时，就当事人所订契约按产价的一定比例向新业主(产权承受人)征收的一次性税收。

对于不同面积的首套房和二套房的契税缴纳标准是不同的。

　　按2018年的政策,对于首套房,房屋面积在90平方米(含)以下的,按照成交价1%的税费缴纳契税,房屋面积在90平方米以上的,按照成交价1.5%的税费缴纳契税;对于二套房,房屋面积在90平方米(含)以下的,契税的缴纳与首套房一样,如果房屋面积在90平方米以上的,则按照成交价2%的税费缴纳契税。

买房新政策要知道

在过去的一段时间里，房地产行业的状况随着政策环境一直在发生着变化。在房价疯狂上涨时，各地的限购、限贷等政策积极出台，使得房价得到有效控制。对于普通老百姓来说，在房产新政策出台后，该如何做出买房计划呢？下面就来了解一下。

新政策下如何贷款买房

现在许多老百姓买房时都会采取贷款的形式，避免因买房而用掉太多的流动资金，进而影响家庭日常的生活水平。那么，政府又出台了哪些房贷政策呢？这些房贷新政策对老百姓又会造成哪些影响？下面就来看一下。

◆ **首付比例：**虽然国家制定了房贷首付的标准，但是不同城市、不同开发商还可以根据自身的情况对房贷首付进行调整，一般来说，首次申请房贷首付比例最低为 30%，二套房首付比例最低为 60%。这里以北京为例。

◆ **房贷利率**：目前，不同银行房贷利率优惠政策不一样，普通老百姓在 2016 年买房能够在基准利率上打 9 折，银行的优质客户还能够享受 8 折优惠。在 2017 年 3 月以后，北京 16 家银行已取消首套房贷款利率 9 折的优惠，首套房贷利率调至 9.5 折。

◆ **贷款额度和年限**：通常银行在放贷时，会根据买房者的个人征信、月收入、还款能力及房屋评估值等因素决定贷款金额。不过，大部分银行对还款能力有特殊要求，即月收入大于等于房贷月供 ×2。而贷款年限一般在 20 年以内，有些银行也可以 30 年。

◆ **首套房认定标准**：指贷款买过一套房，商业贷款已结清，再贷款买房；

贷款买过一套房，后来卖掉，通过房屋登记系统查询不到房产，但在银行征信系统里能查到贷款记录再贷款买房；

全款买过一套房再贷款买房；

全款买过一套房后来卖掉，房屋登记系统里查不到房产再贷款买房；

夫妻一方婚前有房但无贷款记录，另一方婚前有贷款记录但名下无房产，婚后买房申请贷款。

总之，准备买房的老百姓要注意了解房市贷款政策，根据自身经济状况理性贷款买房，毕竟买房是件大事，不能影响正常生活。

房市限购仍在加码

2016 年的房市可谓是"先扬后抑"，如果说上半年热词是房价上涨，那么下半年的热词毫无悬念则是调控。因为当前一二线城市房价上涨速度较快，幅度较大，需要通过加快推进保障房建设和棚户区改造，增加住房供给，采取限购的政策措施来抑制不合理的"投机性"需求，限制房价过快上涨。如表 1-6 所示为 2017 年部分城市限购政策。

表 1-6　2017 年部分城市限购政策

地区	限购详情信息
北京	1. 在北京市限购一套住房的情况： （1）已拥有一套住房的本市户籍居民家庭（含驻京部队现役军人和现役武警家庭、持有有效《北京市工作居住证》的家庭）； （2）持有本市有效居住证、在本市拥有住房，且连续 5 年（含）以上在本市缴纳社会保险或个人所得税的非本市户籍居民家庭。 2. 暂停在北京市向其售房的情况： （1）已拥有两套及以上住房的本市户籍居民家庭； （2）拥有一套及以上住房的非本市户籍居民家庭； （3）无法提供本市有效居住证和连续 5 年（含）以上在本市缴纳社会保险或个人所得税缴纳证明的非本市户籍居民家庭
上海	1. 在上海限购一套住房的情况： （1）在本市已有一套住房的本市户籍居民家庭； （2）连续 5 年及以上在本市缴纳社会保险或个人所得税的非本市户籍居民家庭限购一套住房。 2. 暂停在上海市向其售房的情况： （1）在本市已拥有两套及以上住房的本市户籍居民家庭； （2）拥有一套及以上住房的非本市户籍居民家庭； （3）无法提供连续 5 年及以上在本市缴纳社会保险或个人所得税缴纳证明的非本市户籍居民家庭
广州	1. 本市户籍居民家庭限购两套住房； 2. 非本市户籍居民家庭能提供购房之日前 5 年内在本市连续缴纳 3 年以上个人所得税缴纳证明或社会保险缴纳证明的，限购一套住房；非本市户籍居民家庭不得通过补缴个人所得税缴纳证明或社会保险缴纳证明购买住房
深圳	1. 本市户籍居民家庭（含部分家庭成员为本市户籍居民的家庭）继续执行限购两套住房的政策； 2. 本市户籍成年单身人士（含离异）在本市限购一套住房； 3. 能提供自购房之日起计算的前 5 年及以上在本市连续缴纳个人所得税或社会保险证明的非本市户籍居民家庭，限购一套住房

续表

地区	限购详情信息
苏州	（1）非本市户籍居民家庭申请购买第一套住房时，应提供自购房之日起前 2 年内在苏州市区（含吴江区）、昆山市、太仓市累计缴纳一年及以上个人所得税缴纳证明或社会保险（城镇社会保险）缴纳证明； （2）暂停对已拥有一套及以上的非本市户籍居民家庭出售新建商品住房和二手住房； （3）暂停向拥有三套及以上的本市户籍居民家庭出售新建商品住房和二手住房； （4）房地产开发企业和房地产经纪机构不得向不符合条件的购房人出售商品住房。另外，购房人需提供现有房屋情况相关证明材料并出具书面承诺
杭州	在市区限购范围内，暂停向拥有一套及以上住房的非本市户籍居民家庭出售住房。限购范围为上城区、下城区、江干区、拱墅区、西湖区、杭州高新开发区（滨江）、杭州经济技术开发区、杭州之江国家旅游度假区、萧山区、余杭区，不包含富阳区、大江东以及临安、桐庐、建德和淳安四县（市）
南京	（1）暂停向拥有一套及以上住房的非本市户籍居民家庭出售住房； （2）暂停向拥有两套及以上住房的本市户籍居民家庭出售新建商品住房。 （3）对非南京户籍居民家庭申请购买首套住房时，应提供自购房之日起前两年内在南京累计缴纳一年及以上个人所得税缴纳证明或社会保险（城镇社会保险）缴纳证明； （4）南京户籍成年单身人士（含离异）在本市限购一套住房
天津	在本市拥有一套及以上住房的非本市户籍居民家庭，暂停在市内六区和武清区范围内再次购买住房

　　为了防止房价过快上涨，从 2016 年 9 月 30 日起，政策转向，多地密集出台调控政策。但是房地产市场仍有许多城市没有明显降温，部分城市的成交量仍在高位，这也触发了一系列城市的调控政策二次升级。

　　（1）济南市。本市户籍家庭限购两套；外地限购一套，并且需提供连续 24 个月以上在市区缴纳个人所得税或社会保险证明。此外，在本次济南市出台的楼市新政中，对土地市场的交易行为提出了明确的管理措施。

（2）郑州市。郑州市升级了现有的限购政策，即在原来的限购基础上，将 180 平方米（含）以上住房（包括新建商品住房和存量住房）也纳入限购范围。非郑州户籍家庭在郑州购买住房时，需提供在郑州连续缴纳两年以上（含两年）个人所得税或社会保险证明。

（3）武汉市。规定自 2016 年 12 月 22 日起，武汉市新增东西湖区、江夏区、黄陂区部分区域住房限购。

从限购到限售，二手房也纳入限购范围

中国的房地产调控政策严格，应当遵循的原则是对市场干预最少、符合行业发展规律，从而有利于长期稳定发展的政策体系。因此，在加强住房保障之外，一线城市一直都在实施商品住宅限购，彻底遏制投机以及过度投资。限制交易原本只是针对经济适用住房等小产权房的做法，规定满 5 年后才可上市交易，现在已经被用于楼市中。

在全国调控升级的情况下，又一个趋势愈发明显，以前是对商品房市场限购，现在则是由限购演变为限售。甚至在 2017 年初，二手房也被纳入限购范围。

案例陈述

2017 年 3 月 23 日，成都市人民政府官网发布了《成都市人

民政府办公厅关于完善我市住房限购政策的通知》，明确了购房者须具有限购区域户籍，或在限购区域稳定就业且连续不间断缴纳社会保险 24 个月及以上，并且将二手房纳入限购范围，政策从 3 月 24 日起实施，具体如下：

（1）扩大住房限购范围

将二手住房纳入限购范围，购房者在住房限购区域购买二手住房的，应符合成办发〔2016〕37 号、成办发〔2016〕45 号文件规定的购买商品住房条件，且只能新购买一套住房（包括商品住房和二手住房）。

（2）强化区域职住平衡

在成都高新区西部园区、锦江区、青羊区、金牛区、武侯区、成华区、龙泉驿区、新都区、温江区、双流区、郫都区等区域内购买住房的，购房者须具有限购区域户籍，或在限购区域稳定就业且连续不间断缴纳社会保险 24 个月及以上。

成都高新区南部园区、天府新区成都直管区限购政策继续按成办发〔2016〕45 号文件执行，但其中非本区户籍居民须连续不间断缴纳社会保险 24 个月及以上。

（3）加强购房资格审核

非本区域户籍居民不得通过补缴社会保险在限购区域购买住房。房管、人社等部门要切实履行职责，强化部门协作，加强购房资格审核，确保住房限购措施落到实处。

（4）支持合理住房需求

对于重大招商引资项目和机关、企事业单位引进的高端人才等，经所在区政府（管委会）认定后，其购房可不受户籍、社保缴纳时限的限制，但所购商品住房自合同备案之日起、二手住房自载入不动产登记簿之日起 5 年内不得上市转让。

（5）打击违法违规行为

加强市场监管，规范市场秩序，严厉查处违规收取诚意金、虚高装修费用变相提价、伪造或虚开社会保险缴纳证明等违法违规行为。

通过阅读上述例子，可能很多人会感到困惑，成都市为何要在此时出台限购政策？为什么要重点关注二手房？这主要是为了认真贯彻落实国家房地产市场调控政策，坚持科学管控，保证房地产市场总体运行平稳。将限购房屋类型扩大至二手住房。除了成都实施二手房限购政策外，还有部分城市也实施了该措施，如表 1-7 所示的是 2017 年部分城市的二手房限购政策。

表 1-7　2017 年部分城市的二手房限购政策

地区	限购详情信息
北京	（1）已拥有一套住房的本市户籍居民家庭（含驻京部队现役军人和现役武警家庭、持有有效《北京市工作居住证》的家庭）； （2）持有本市有效居住证、在本市拥有住房，且连续 5 年（含）以上在本市缴纳社会保险或个人所得税的非本市户籍居民家庭
苏州	（1）暂停对已拥有一套及以上的非本市户籍居民家庭出售二手住房； （2）暂停向拥有三套及以上的本市户籍居民家庭出售二手住房
厦门	对以下三种类型居民家庭，暂停在本行政区域内向其销售建筑面积 180 平方米及以下的商品住房； （1）拥有两套及以上住房的本市户籍居民家庭； （2）拥有一套及以上住房的非本市户籍居民家庭； （3）无法提供购房之日前 3 年内在本市逐月连续缴纳两年以上个人所得税或社会保险证明的非本市户籍居民家庭
天津	在本市拥有一套及以上住房的非本市户籍居民家庭，暂停在市内六区和武清区范围内再次购买住房

续表

地区	限购详情信息
南昌	暂停向在市区已拥有一套及以上住房的非本市户籍居民出售存量住房（即二手房）
保定	对非本市户籍居民家庭，限购一套商品住房（含二手房）且首付款比例不低于30%

其他买房政策

虽说贷款买房与买房限购对老百姓的买房计划有很大影响，但除了这两大政策之外，其他一些买房政策也会对买房产生较大影响，而这些影响都不容老百姓忽略，下面就来看一下。

（1）增加土地供应

国土资源部表示将采取分类调控的原则，增加一线城市的土地供应面积。由于一线城市房价上涨过快，为防止异常交易推高房价，国家全力支持一线城市地方政府调控措施。

由于房地产开发投资占固定资产投资的比重较大，并且能够拉动上下游的钢筋、水泥以及建材等行业，因此对经济稳增长十分关键。如果能有效供应土地，不仅有利于平稳房价，而且可以拉动房地产开发投资，拉动宏观经济的发展。

（2）落实营改增

2016年5月1日起，营改增试点改革在全国范围内全面推开，据了解，营改增落地之后，二手房交易的增值税、契税、个税以及附加税等税率及相关优惠政策，基本平移了此前营业税时期的规定，但由于税基下调，导致总体税负略降。即过去营业税是以含税房价来征税，现在增值税按照不含税房价来征税。虽说"营改增"和财税体制改革密切相关，并不是专门针对房地产市场中商业地产高库存而出台的政策，但这也是买房者需要了解的一个政策。

（3）房贷利息抵税

所谓的"房贷利息抵税"，是指允许那些拥有自己房子的纳税人通过他们的主要住宅（或第二住宅）担保的贷款所付的利息来减少他们的税费。房贷利息抵税的政策简单理解就是，住房按揭贷款利息纳入个税抵扣。例如，工资薪金的应纳税所得额可以减去房贷的利息部分再计算个税，这样可以少交部分个税，减轻了个人负担。

当然，个税税项有很多，如工资、劳务报酬、分红以及股息等都可能产生个税，而房贷情况也比较复杂，比如房屋性质、还款方式等。目前，个税改革方案已经提交至国务院，《个人所得税法》修订草案也即将上交全国人大审议，等具体方案细则出台后就能明确抵税的计算方法。

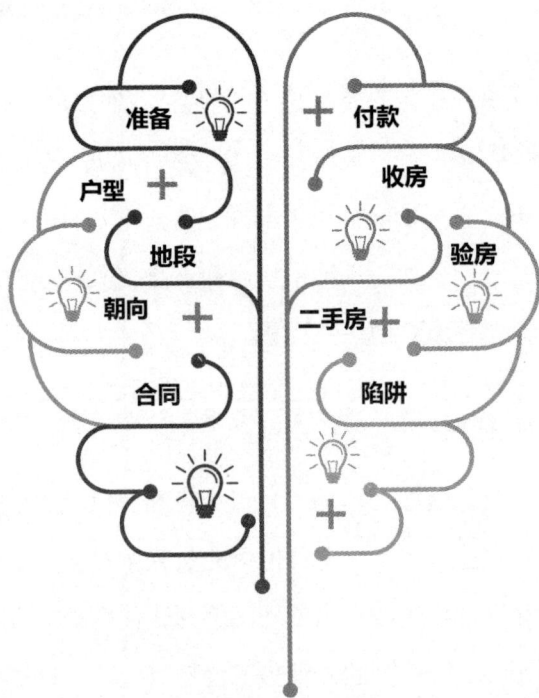

准备

户型

地段

朝向

合同

付款

收房

验房

二手房

陷阱

第 2 章

"菜鸟"如何修炼成选房高手

现在楼盘销售人员在给买房者推荐房子时，往往不会直接推荐好的房子，只会推荐剩余较多的房源。这时就需要买房者自己通过户型图看出房子的朝向以及方位等，所以选房是一件非常辛苦的事情，要全盘考虑方方面面的利弊因素。

买房者收集买房信息的途径有哪些

对于需要买房的老百姓而言，当他决定买房的那一刻，就要开始为买房做准备。买房前肯定需要收集有关楼盘的各种信息，如果是第一次买房，难免会觉得迷茫，该怎么收集买房信息呢？收集一大堆信息回来后又该如何进行分析？其实，相对于以前来说，现在收集买房信息容易了很多，其途径也有很多，如房地产展示交易会、媒体广告以及楼盘现场广告牌等。

房地产展示交易会

当前商品房的交易过程比较复杂，几乎不会出现一拍即合、立马交易的情形，因此房展会的主要目的是"展示"，而不是"交易"，这也就给买房者收集房源信息带来机会。

房地产展示交易会，简称房展会，是挑选房源的主会场，一般是由房地产行政管理部门或大型房地产代理公司举办的。事实上，房地产展示交易会不仅是房地产开发商拓展市场、吸引买房者的基本方式，还是买房者了解房源信息和选房的主要途径。

因为房地产展示交易会上展示的房地产项目数量较多，通常还有行政主管部门和专家接待购房者的咨询，并处理相关业务，所以买房者参与房地产展示交易会可以获得较多的房源信息和书面材料，还可以对参会的各家房地产公司和代理公司的资信情况进行调查与比较，把信誉好和实力强的房地产开发公司所开发建设的商品住房作为自己买房时首要的选择对象，这对于首次买房的买房者来说是非常有用的。

但由于房展会聚集了不同地段、不同价位的各种房源，买房者又应该如何"下眼"去收集房源信息呢？

（1）弄清自己的买房目的

许多买房者因为没有一个明确的买房目标，在房展会这样集中的展示区中容易陷入盲目看房选房的误区，认为每个楼盘都很好，最后几天下来劳心劳力还是无法下决定。因此，买房者在参加房展会之前，需要做到心中有数，直奔主题才能获取有效的房产信息。

如果是买来自住，那么必然择己所求，精确锁定，快速下手购买；如果是买来投资，那么就需要三思而行，选择性价比最好的房源，当然还需要考虑房源是否好出租或转售。

（2）选定区域很重要

每届房展会的房地产项目都不少，如果毫无目的地"转悠"，只会浪费大量的时间和精力。在房展会期间，只有做到有的放矢，才能在节省精力的同时选到心仪的房子。因此，对于有真正需求的买房者来说，最好提前确定好自己心仪的区域，这样就能在房展会现场参照买房指南有针对性地选房，而不是大海捞针，进而提高效率。当然，房屋面积也要事先确定好，这样可以缩小选房范围。

（3）综合考虑楼盘性价比

在参加房展会时，买房者需要认真、理性选房，不要只关注片面的宣传信息。在浏览房地产宣传册时，不要被表面描述所迷惑，而应该仔细分析其中的具体数据，如楼间距、绿化率等。如果同时看好几个楼盘，最好实地考察后再做最后的决定。房展会有一个很明显的好处，那就是开发商会提供直通车，免费送买房者去楼盘。此时，买房者最好尽量利用直通车多看楼盘，因为看沙盘和看现场是两回事，只有到现场才能全面地了解楼盘的具体情况，如样板房、楼盘配套、交通条件以及周边环境等。

参加完房展会之后，买房者最好将带回家的资料仔细整理一遍，把有用的楼盘信息留下，如电话号码、地址等，以便日后可以咨询进度、联系看房等。

房产中介

这里的房产中介是指专门从事房地产交易业务的正规中介公司，其业务性质决定了它们拥有大量的房源信息，买房者可以利用这些信息选购房子。虽然根据规定，房地产中介在承接业务时，需要核实委托方的主体资格、开发商的营业执照及"五证"是否齐全、产权人的身份信息及产权证的有效证明等。但是许多房产中介由于受到利益的驱使，时常会做出一些不合规定的行为，此时买房者就需要特别注意。如果买房者需要通过房产中介获得买房信息，应注意以下两点事项。

◆ **货比三家**：虽然可以通过房产中介获得许多买房信息，但是买房者无法辨别这些信息的真假。因此，买房者需要多看、多走以及多了解，这样不仅可以做到货比三家，还可以了解当前的市场行情。其实，开发商最好的房子一般不会交给中介销售，都是留着慢慢提价的，所以买房者在找房产中介前要有这个意识。

◆ **谨慎签约**：如果买房者在找房产中介时，发现了自己非常满意的房子，就可以直接签订认购书。但是买房者在签约之前一定要睁大眼睛，反复斟酌认购书上的条款是否可以接受，因为签订认购书需要交纳定金。如果这时候买房者后悔了，这些定金再想要回来就很难了。

因此，买房者即便是在房产中介处看到了自己心仪的房子，也不要立马做出决定，至少给自己一点时间考虑清楚或是与家人商量一下，避免因为冲动而做出让自己后悔的事情。

小贴士

买房者在与房产中介签订认购书时需要注意三点：一是索要正式购房合同和补充协议，进一步斟酌其中的条款是否可以接受；二是支付的定金到底属于什么费用，不能被"定金"敷衍过去；三是要求对方在认购书上标明，在多长时间内买家有权利要求退还已交款项，卖家需要无条件退款。

互联网

随着互联网的发展，老百姓在网上不仅可以进行各种社交活动，还能查看到开发商或房产中介发布的各类卖房信息。一般情况下，买房者可以从互联网中查看的房源信息有区域购房指南、推荐楼盘、户型图库、新房预告、楼盘点评以及特色楼盘等，买房者完全可以足不出户，就能收集到当前的房源信息。

不过，互联网中的信息五花八门，也存在着许多的不可靠性，所以买房者需要注意以下一些"陷阱"，避免上当受骗。

（1）过度夸大的宣传

在开发商或房产中介发布的卖房信息中，会有很多文字和图片，而这些文字或图片都是经过精心设计的，其中含有许多夸大的成分，如常见的紧邻小水沟就自称"亲水住宅"、离着地铁几公里却说 10 分钟到达地铁口等。

例如，某个买房者在网上看上了某个楼盘的"玫瑰庄园"，其宣传广告词是"山地生态，健康人生，一种完整且完善的环境，像原生一样和谐……"然后还附加有几张电脑制作的精美效果图。此时，买房者就开始心动、跃跃欲试了，立刻就联系销售人员，签订购房合约。等到真正收房时才后悔莫及，原来这是城郊新开发的一个楼盘，周围有一大片油菜田。

（2）实景图片和户型设计的变更

在互联网的房产信息中，一般会看到精美的模拟场景，适当加宽的楼间距、随处可见的绿化以及缩小后的家具摆放等，从而使得买房者无意中就进入了房屋主人的角色。其实，这是房地产开发商的一种营销策略，通过美化绘制出更加符合人类审美的平面图，但在买房者真正入住时，才会发现平面图与实际房屋存在一定的差距。更别说开发商在修建过程中，根据实际需求对房屋进行的设计变更了。

（3）虚假热销

许多开发商或房产中介为了吸引更多的买房者，常常会制造出一种虚假热销的现象，所以买房者一定要注意该房产是真热销还是假热销，稍不注意就会被迷惑，而识别房产假热销的方法有以下几种。

① 内部认购时间。通常房屋在开盘时，会有一个内部认购时间。内部认购楼盘的时间越短，就越可能是虚假热销，这是一种非常可靠的方式。

② 电话预约。买房者可以通过电话预约，约定某天去看房子，如果销售人员希望你在另一个特定的时间去售楼部看房，那么买房者就要注意了，这个日期可能是开发商楼盘销售现场控制的关键日期。

③ 买房被托。现在的楼盘销售，无论是真热销还是假热销，都可能存在"托儿"。当"托儿"人数太多时，真正的买房者就会增加买房成本，并造成一定程度的心理压力。即买房者经常会遇到在选房时，被告知该板块的房子已经销售一空，可以买其他板块的房子，不过价格要贵一些，此时买房者就要考虑是否遇到了"托儿"。

其他收集买房信息的途径

买房者在收集买房信息时，除了可以利用前面介绍的三种主要途径外，还有一些比较常用的途径，下面就来看看。

（1）媒体广告

其实，媒体广告包含多种形式，如报纸杂志上的广告、广播电视广告和招贴广告等。房地产开发商在预售商品房住宅时所采用的最普遍的市场宣传形式，就是通过各种媒体广告进行宣传。

（2）房地产开发商或代理商发送的宣传品

对于房地产开发商或代理商来说，它们常常会给一些潜在的买房者邮寄或发送宣传品，以作为媒体广告的辅助手段。它们的邮寄工作一般由开发商委托物业代理机构或专门代理邮寄业务的公司，根据有关线索筛选出潜在的买房者来进行。其中，发送宣传品主要是在某些公共场所散发有关买房的宣传材料，买房者通过这类宣传材料，就可以收集到商品住房的信息。

（3）现场广告

在许多房地产施工现场可以看到若干个广告牌，其中的内容通常包括项目规划模型图、项目介绍以及精心设计的广告词，同时还标明有开发公司、承建公司以及监理公司等名称。另外，还将《建设用地规划许可证》《建设工程规划许可证》以及《建设工程施工许可证》等证件的号码列在广告牌上，以展示企业的良好形象。

（4）售楼书

售楼书是有关房地产的详细介绍材料，通常由开发商或代理商寄送给那些对广告、宣传材料有反应的买房者，或直接寄送给那些已知的对该房地产有兴趣的人，买房者也可在开发商的售楼处得到售楼书。

买房看地段，地段好才是真的好

为什么市中心的房子每平方米价格动辄数万元？而即使价格贵得离谱，却仍然能引得众人来追捧？此时就只能用一个词语来解释，那就是地段。地段决定着买房者日常生活成本的高低，特别是对一些有特殊需求的买房者来说，地段的重要性更加不容忽视。对于买房者来说，无论选择什么样的地段作为居住环境，都要保证其多年不会落后。

几种不同地段对比，你应该怎么选

买房一直是许多买房者头疼又不能不做的事情，如何选择房屋的地段更是让人伤透脑筋。下面就来对几种常见的地段进行对比，买房者可以从中选择适合自己的地段。

◆ 闹市核心区域

闹市区就是一个城市中最繁华的区域，通常该区域内的住宅房价也是一个城市内的一线水平。但是由于居住环境过于混乱嘈杂、社区狭小等问题，一般也不是城市内的最高价地区。这种地段的住宅地产从供应上来看也多以小户型为主，主要用途在于投资，因为生活成本比较高。

◆ 次繁华生活区

该区域是靠近闹市，与闹市又有一定距离的地段。相对闹市，商业味没有那么浓重，却集中着一个城市早期的居民小区。通常新房供应量不大，常常会出现较老的二手房转让，而新开发的房屋也多以高层小户型为主，但居住性会更强一些。

◆ CBD 区域

该区域的商务功能要大于居住，昔日不怎么被老百姓看好，但是在短短几年内就完全变了一个样，也就是所谓的城市新兴区。由于城市人口增加及规划发展的原因，城市会向外的某个方向或某几个方向爆发式地发展。但在没有发展之前，其房价也不怎么高。

◆ CLD 区域

CLD 区域，即核心居住区。与 CBD 临近，同在城市发展方向轴线上稍远的地区。因为临近 CBD，这种区域的房价通常也比较高，多为城市内品质楼盘的集中放量区，如果能早期入手这种区域的房产，未来升值空间还是很高的。不过，对于发展成型的 CLD 区域，其投资性就会大大降低。

◆ 老城区

一个城市里面，老城区通常也有贫富之分。环境好的老城区，其居住氛围非常不错，其建筑年代较久，多以老式单位福利房及自建房为主，小区比例高，且生活成本相对不高。这种区域的新房较少，且价格不低；环境差的老城区，破街烂巷，治安环境上略差。在这种区域内，如果旧城改造的力度大，则会有少量的新房放出，同时房价相对较低，但生活比较方便。

◆ 城乡接合部

即城市建设的边缘，城市与乡镇接合的区域。该区域相对来说，低端生活配套比较齐全，但缺乏中高端生活配套。由于这种区域内低价出租屋很多，是很多外地务工及流动性人口比较集中租住的区域。随着城市扩大化，这种区域远期环境还是比较看好的。

哪些地段的房子再便宜也不能买

老百姓买房总会有或多或少的讲究，因为买房始终是大事，多讲究一些也不为过。但不管如何信奉这些讲究，还是有买房者会被低价格的房子诱惑，只要看到房子便宜就立马下手，不管房子在哪个地段，会对自己产生何种影响。此时需要提醒买房者注意，不能因为房屋的价格便宜或开发商的一些噱头就盲目买房，因为有的劣势一旦暴露出来就会影响非常深远，所以买房者一定要谨慎考虑以下几个不能买的地段。

◆ **高压电塔或电视塔旁的房子：**高压电塔或电视塔的发射功率很强，有些发射功率小的人体还能承受。电视塔的电磁波会造成人的免疫机能下降，引起白血病、精神分裂症等，严重的还会引起各种癌症。那么，房屋离高压电塔或电视塔多少米比较合适呢？起码要在 300 米以外才可以考虑。

◆ **立交桥旁的房子**：在城市的立交桥旁边买房，不仅交通不方便，而且高速通行的车辆会造成噪声和螺旋气流，对身心健康会产生不利影响。

◆ **加油站旁的房子**：最好不要住在加油站旁，其主要原因有三点。一是油里面含有大量的有害物体，对人体危害极大；二是加油站车辆来往频繁，噪声大；三是存在火灾隐患。

◆ **铁路旁的房子**：住在铁路旁边的人大部分非常容易患耳聋，听力不好，身体健康也容易受到影响。

◆ **火葬场、屠宰场等附近的房子**：火葬场、屠宰场以及监狱等附近，这附近的房子住久了也许会对人的心理产生影响，严重的会导致精神压抑。

◆ **核电站、化工厂及重污染企业旁的房子**：这些地方会遇到偷排废气、污染河流等问题，即便房子价格再便宜也不要买。

◆ **地势过低的房子**：如果房子的地势过低，每逢下大雨就容易出现淹水或水灾。因此，在地势太低或太靠近容易淹水的河岸边的房子不宜购买。

买房选地段要考虑的要素

李嘉诚曾有一个著名的论断，那就是"决定房地产价值的因素，第一是地段，第二是地段，第三还是地段"。虽说"地段"一词很早就已经在我国出现，但在"房地产"里出现的"地段"，却是源自美国的舶来品，而这个词语经过李嘉诚强化后，变成了对买房的指导。虽说地段很重要，但是也不能盲目进行选择，其中也有一些要素需要考虑，下面详细介绍。

◆ 交通是否方便

交通因素是买房者在买房时首要考虑的因素，俗话说"要致富，先修路"，从我国经济发达的地区就可以看出，其交通远远比其他地区要好。一些城市也陆续开通了地铁，同时也会带动周边房价的提升。

◆ 周边环境是否安静

如果是住宅，那么就要求周围环境安静，不能有太大的噪声，否则会降低日常生活的舒适度。因此，就不能购买过于临街的房子，这些房子的噪声一般会比较严重。

◆ 附近购物和文化娱乐是否方便

周边的配套不容忽视，如购买生活必需品的超市、菜市场以及取款机等，不少买房者还会关心周边是否有大型的购物场所。此外，还要看看周边是否有稍大一些的医院，家人难免会生病，如果有水平较高的医院，则可以给家庭生活带来不少便利。

◆ 周边学校是否较多

不少想要买房的家庭，主要是考虑到小孩上学是否方便，所以买房者需要重点观察地段附近是否有较好的幼儿园、小学以及中学等。因为小孩上好一点的学校是许多家长的追求，同时一个好的人文环境对于孩子的成长也起着潜移默化的作用。

◆ 与原来的生活圈子是否太远

不管是什么人，都有自己的生活圈子，如果突然离开自己生活了十几年甚至几十年的环境，与熟悉的亲朋好友断了联系，肯定都会觉得失落，这在中老年人中尤为突出，所以选择的地段最好不要离自己原来的生活圈子太远。

地铁房真的值得购买吗

对于地铁在楼盘销售中的分量，如今已经超过了其他的社区服务配套，一般有地铁在附近的楼盘都容易受到市场的追捧。只要能靠近地铁，往往也是楼盘销售中非常重要的亮点或宣传点。但事实上，是不是有地铁就一定是好事？即便是地铁就在家门口经过，就一定值得购买？显然不是，下面就来看看选择地铁房有哪些讲究。

（1）私密性高于便捷性

所谓的地铁房，主要是看房子的位置离地铁站有多远。按上海统计部门给出的解释，距离地铁站点步行 5 分钟之内的房子，称为"正地铁房"；10 分钟之内称为"准地铁房"；15 分钟之内称为"近地铁房"。距离不同，房价、升值空间也不一样。其实，某个地区做过一个调研，结果发现在地铁站点的影响范围内，楼盘每靠近地铁站点一米，每平方米价格上涨 0.00464%。

如果买房者买房的目的是用于居住，而地铁房却容易影响居住的私密性，安全系数也稍低一些。虽然地铁房的交通很方便，但买房者也需要考虑是否真的需要购买地铁房。

（2）隔音效果不容忽视

许多买房者之所以会选择地铁房，是因为它出行方便，但是地铁房同样存在着噪声、人群密集等问题。因为地铁站口一般会设在相对繁华的位置，其噪声、空气等污染也会相对较大。此时，想选择地铁房的买房者有两种解决方式，一种是选择离地铁出站口比较远的地方，在离地铁出站后口 200 米之外的房屋才会较少受到地铁运营产生的噪声、震动等的影响；另一种就是关注楼盘的建筑材料，因为比较好的建筑材料会有更好的隔音效果。

另外，地铁出站口的人流量相对较大，容易产生交通拥堵的情况，所以需要经常开车出行的买房者，就需要谨慎考虑是否真的要在地铁出站口附近买房。

（3）公共配套设施不可少

目前，有许多对买房需求并不明确的买房者，都想购买地铁房，希望地铁房快速升值。如果以相同的价格买房，买房者可能更加愿意选择地铁沿线的房子。对于许多开发商来说，他们也希望地铁在带来交通便利和人流量的同时，使自己的楼盘得到关注和发展。

虽说地铁是房屋选购中的一个重要因素，但并不是唯一因素，买房者想要宜家宜居，还需要考虑其他配套设施，如学校、医院以及周边的商业设施等。因此，如果买房者确实要买地铁房，那么最好选择住宅与商业设施混合开发的楼盘，特别是开发体量大的综合楼盘，因为这样的楼盘配套设施更加完善。

小贴士

目前，不管是哪个开通了地铁的城市，其地铁概念房已经炒了很多轮，不管是新房还是二手房，都借着地铁的东风涨到了高价位，所以地铁房是否真的值得购买，买房者还需要慎重考虑。

看完地段看户型，好坏户型细分辨

　　户型就是住房的结构和形状，户型随着社会的发展、人们生活水平的提高及各住户的生活需求、经济条件不同而千变万化。有的是开发商设计，如连片成栋小区，有的是个人根据自家的条件和要求设计，如自建的小洋楼。总之，不同的思维会设计出不同的户型。对于买房者来说，户型决定着家居的舒适度，既然现在可以自己挑选户型，那么就要仔细瞧一瞧，选一选。

买房怎么能看不懂户型图

　　买房过程中，挑选户型是必不可少的一步。去开发商的售楼部看房子，经常会听到销售人员或其他买房者说这个户型好，那个户型不错，可是好在哪里，很多人却完全搞不清楚。那么如何挑选到心仪的户型？什么样的户型才算好户型？户型的选择方法虽然相对复杂，但也有一些小技巧可以掌握，不过在选择之前首先需要看懂户型图。

（1）户型图上的小图标

户型图是一套住房的平面布局图，从中能看到每个房间的方位、朝向、大小和通风状况。看一个户型图，就能直观地判断出一个户型的好坏，是否值得进一步考察。买房者想要看懂户型图，首先需要认识户型图上的小图标，如图 2-1 所示。

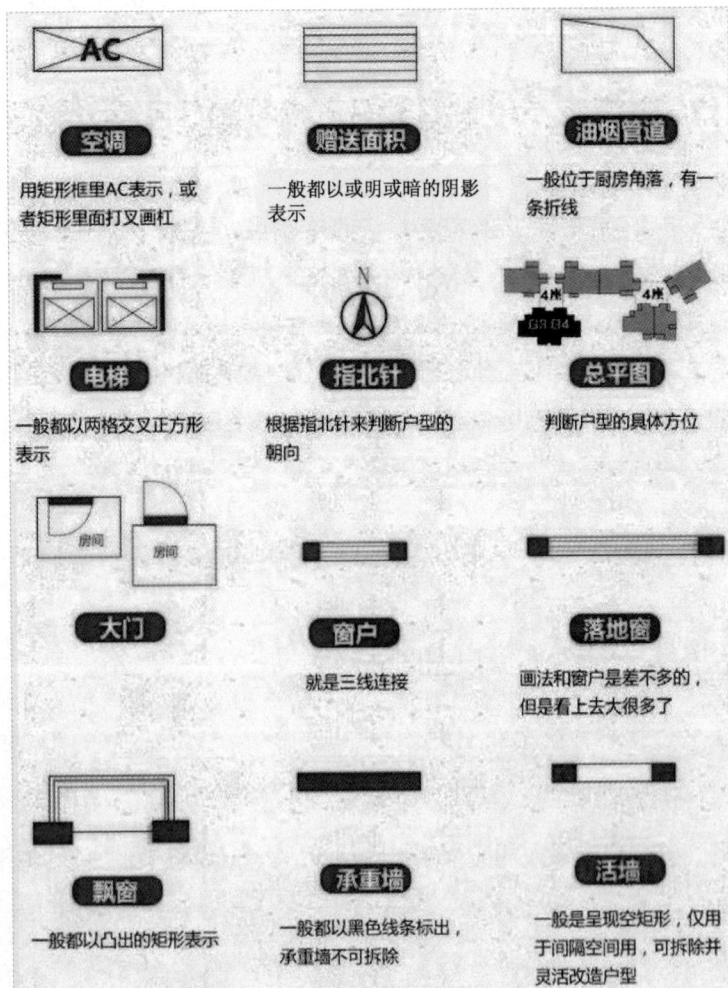

空调
用矩形框里AC表示，或者矩形里面打叉画杠

赠送面积
一般都以或明或暗的阴影表示

油烟管道
一般位于厨房角落，有一条折线

电梯
一般都以两格交叉正方形表示

指北针
根据指北针来判断户型的朝向

总平图
判断户型的具体方位

大门

窗户
就是三线连接

落地窗
画法和窗户是差不多的，但是看上去大很多了

飘窗
一般都以凸出的矩形表示

承重墙
一般都以黑色线条标出，承重墙不可拆除

活墙
一般是呈现空矩形，仅用于间隔空间用，可拆除并灵活改造户型

图 2-1

如图 2-2 所示为一张简单的户型图，下面就来认识一下。

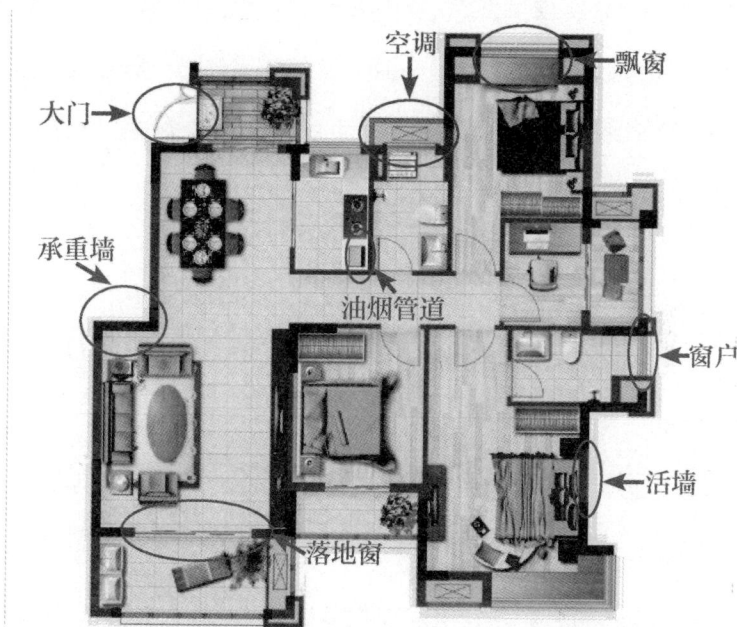

图 2-2

（2）户型图上的数字

户型图上除了有各种组合在一起的小图标外，还有许多数字，而这些看似不重要的数字却蕴含着重要的信息。因为买房者可以通过这些数字看出房屋的开间和进深比，同时计算出房子相应区域的面积。

开间是指相邻两个横向定位墙体间的距离，即东西方向长度，而进深指建筑物的长度，即南北方向长度，合理的开间和进深可以提高房子居住环境的舒适度。我国大量城镇住宅房间的进深一般要限定在 5 米左右，其通常采用的参数有 2.1 米、2.4 米、2.7 米、3.0 米、3.3 米、3.6 米、3.9 米和 4.2 米。

通常房间的采光面为南北向，买房者可以根据户型进深和开间的比值来作为衡量户型是否方正的指标，正常比值应该在 1 ~ 1.5 之间。如果比值过大，即进深大而开间小，则会影响采光通风，房屋会过于昏暗；如果比值过小，即进深小而开间大，则会影响室内的保温效果，冬夏两季会特别明显。

（3）户型图上的分区

户型图还有 4 种分区方式，分别是动静分区、干湿分离、公私分区和功能分区，其具体介绍如下。

① 动静分区。指休闲娱乐和休养生息要分开，即要求客厅、餐厅、厨房等场所与卧室、书房等供休息的场所在户型上要有所区分。

② 干湿分离。指厨房、卫生间和客厅、卧室分开，即要求卧室、客厅、餐厅以及卫生间的面盆区等应保持干燥的区域与厨房、浴室等经常潮湿的区域在户型上要有分离的设计。

③ 公私分区。指整体上有遮挡，即要求在入户时不能对屋内一览无余，公共区域和卧室等私密空间要存在视觉上的遮挡。另外，房屋功能的设计上，最好也能做一个隐性分区。例如，客人从客厅去卫生间，不用走到主人的卧室等空间。

④ 功能分区。是指不同的活动有不同的空间，如客厅用来会客，餐厅用来吃饭，洗手间用于梳洗，卧室用于休息。

好户型的标准是什么

为了获得更舒适的居住体验，同时使房屋保值增值，买房者可以选择一些较好的户型。但许多买房者都容易被开发商的特价房吸引，其实特价房往往是地段不好或户型不好的房子，买房时一定要谨慎判断，下面就来看看好户型都具备哪些特点。

◆ **户型方正**：方正的房子整体利用率高，因为拐角会占用实际的居住面积。如果家里人口多，想要购买的房子面积不大，那么就需要选择方正的户型。

◆ **南北通透**：所谓的南北通透，就是指贯穿客厅南北有窗户，能够保证空气对流，这样的房子居住更加舒适。

◆ **客厅朝南，双卧朝南**：3 房以上要考虑双卧朝南，不是双卧朝南的就不是好房。不管是大户型还是小户型，客厅必须朝南。如果两居室中有一个卧室朝南，该户型也值得考虑。

◆ **避免走廊**：走廊其实是对房屋资源的浪费，很多房子的走廊很窄，不能放东西只能用来走，这就浪费了一定的房屋面积。当然，如果资金充足又喜欢这种设计感，可以考虑购买。

◆ **各个房屋面积配比合理**：合理的户型，并不是如同"麻雀虽小五脏俱全"的精简，也不是大宅大屋的空空落落，而是各个部分之间的比例平衡。这种平衡，关系到以后日常生活的细节。

◆ **阳台位于客厅**：客厅没有阳台，在视觉上就会觉得房子很小。如果阳台位于卧室，那么房子的私密性不能得到保证。其实，阳台的位置最好在客厅和卧室各有一个。

如何选择房屋户型结构

户型结构直接影响到装修时的难易程度，那么如何正确地选择房屋的户型结构呢？其主要从内部环境来看。户型的内部环境是指买房者所居住房屋内部的情况，其好坏直接影响到买房者的生活舒适度。内部环境的好坏要从以下几方面来考虑。

（1）采光要好。房屋的通风要流畅，最好每个空间都能拥有采光门窗，做到南北通透。其中，房屋朝向的选择通常以朝南最佳，朝东西次之，朝北最次。

（2）户型结构要合理。房间尽可能南向，同时户型结构以大面宽、短进深最为合适。在动静分区上，卧室不宜太靠近客厅、餐厅等活动区域，最好保证其私密性。

（3）卫生间的设计。卫生间的门不宜正对餐厅、客厅以及厨房等门。同时，卫生间还需要有窗，以便于通风。而卫生间设计则需要干湿分区，以保证干净卫生以及使用卫生间的安全性。

（4）厨房的设计。厨房要通风，采光合理。同时，以靠近餐厅的独立厨房最好，这样可以避免做饭和收拾厨房时油烟污染其他室内空间。

（5）餐厅空间不能过小。虽说餐厅摆放的东西不多，但还是以独立、宽敞舒适以及靠近厨房较好。同时，避免餐厅和客厅合为一体，这样可以避免客厅沾染油污。

（6）较大的赠送面积。通常在购买房屋时，开发商都会赠送一定的房屋面积。其中，露台和飘窗为全赠送空间，阳台为半赠送空间。当然，赠送面积肯定是越大越好，因为赠送面积可以用于扩容。

小户型好是否值得买

在房地产开发中，小户型，即每套建筑面积在 35 平方米左右，卧室和客厅没有明显的划分，其主要适合于以下几类人群。

◆ "新兴而立"族

这类群体的年龄在 30 岁左右，其事业初成，是公司白领或小公司经营者，收入处于中等位置，经济不紧张但也不是特别富裕，小户型能方便工作与生活。

◆ 长期在外地工作

长期在大城市的高级职工，总是租房和搬家，奋斗多年有些积蓄，买个小户型会更加方便。

◆ 单身族或年轻夫妇

由于社会的发展，国人的思想也变得开放，许多人更愿意单身或结婚后不急着要小孩，这部分人主要以事业为重，又非常渴望拥有独立的空间，但收入不允许他们购买太大的房子。

◆ 投资型购房者

相对于大户型而言，想要进行投资的买房者更加青睐于小户型，因为小户型的投资回报率高、空租率较低，所以很多置业者会选择小户型投资。

案例陈述

陈小姐是上海人，在四川念完大学以后，留在了成都工作。为了上班时不用早出晚归，挤公交车或地铁，陈小姐在单位附近租了一套房子。由于该房子位于市中心附近，即便是比较陈旧的一室一厅，每个月的租金也要 3000 元左右。此时，陈小姐的父母就给她算了一笔账，后来发现用公积金贷款买房，每月再添加几百元钱，就可以在成都三环外月供一套小户型了。因此建议陈小姐购买一套房子，陈小姐也觉得可以买房。

像陈小姐这种毕业没多久的年轻白领，每个月在市区租房都要 2000 元左右，还不如在近郊买一套单身公寓。这样既不用租住别人的房子，又拥有了自己的不动产。当然，为了上班更加方便，陈小姐的小户型还是需要选择交通比较便利的地方。

现在许多家庭对于住宅都有一定的要求，不仅要买得起，还要住得起。因为购买房子不仅需要交纳前期的购房费用，如购房款、契税以及公共维修基金等，还要考虑后期居住的运行费用，如水电费、物业费等。因此，选择小户型会使居住费用降低。

同时，小户型的配套更加完善。其市场定位是"服务于都市白领"，这也决定了它较为毗邻商务中心区。因为现在很多年轻人在高压的工作之余，对住宅的便捷性要求更高，如交通的便捷、商业的便捷以及休闲的便捷。简单地理解就是，生活与工作可以随时高速切换。

你的房屋楼层选对了吗

　　一提起买房，大家总会关心诸多因素，如地段、户型、房价以及优惠力度等。有过买房经历的人都知道，买房是件痛并快乐的事情。因为除了以上因素，选错楼层也会令人非常难受，楼层选低了怕会影响采光通风和视野，选中间会担心扬尘污染，选高了又怕上下楼不方便，特别是家有老人或小孩的。因此，选择住宅楼层需要多加考虑。

住宅楼层越来越高，到底哪层才好

　　买房的时候，买房者都知道楼层越高越贵。面对越来越高的大楼，选择楼层也成了买房者的一个疑惑，许多买房者可能会觉得越贵的越好。确实，高楼层空气好，噪声小，连蚊虫都要少很多，所以不少买房者愿意多出钱买高楼层。但真的是楼层越高越好吗？由于各国高层建筑的标准不一样，如美国要求楼高大于 24.6 米、日本要求楼高不低于 31 米等，而中国要求楼高大于 24 米，下面就来看看每层楼到底有何优缺点, 如表 2-1 所示。

表 2-1　住宅楼层的优劣

层数	优势	劣势
1 层	（1）方便老人小孩出行； （2）发生意外事故时，最易逃生； （3）一般会有入户小院； （4）价格低且利用率高	（1）采光不好； （2）最不安静； （3）最容易发生盗窃事件； （4）受虫蚁、潮湿等困扰； （5）临街容易受汽车尾气的污染
2 层	（1）方便老人小孩出行； （2）是相对安全的位置	（1）有噪声的影响； （2）相对 1 层被盗率要低一些； （3）采光很差，视野也不好
3 层	（1）属于底层里最理想的楼层； （2）出行比较方便	（1）会受到噪声的影响； （2）采光比较差，视野也不好
4 ~ 6 层	（1）安全性最好； （2）比较方便家人出行； （3）没有电梯停止运行的担忧	（1）容易受到遮挡，如树木； （2）有一定外部噪声的影响
7 ~ 9 层	（1）黄金比例分隔楼层； （2）高低适中，视野较好； （3）舒适度、方便度比更高的楼层要好	价格相对较高
10 ~ 16 层	（1）采光良好，且通风效果好； （2）光线不容易被遮挡	如果存在废物排放管道，那么容易受到影响
17 层及以上	（1）视野较好； （2）私密性较好； （3）光照较好	（1）若发生灾害不易逃生； （2）高层空气比较稀薄，患有某些疾病的人容易产生不适
顶层	（1）视野开阔； （2）无噪声干扰； （3）私密性最好； （4）价格比较便宜	（1）受到太阳直射，冬冷夏热； （2）水压最小； （3）容易出现漏水、裂缝等现象； （4）空气相对稀薄，容易使人产生不适

当然，高层建筑的楼层并没有固定，所以总层数不同，买房子的选择也可以不同。一般情况下，高层建筑的楼层选择有一个规律，其

具体公式如下。

$$1/3 总层数 < 最优楼层 < 2/3 总层数$$

其实，从表 2-1 中可以看出，选楼层主要可以通过 5 个因素来进行评估，即家庭成员、总层数、视野、噪声以及光线。总而言之，较高楼层，遮挡少、采光好、私密性高，适合年轻人居住；较低楼层，方便出行，适合有老人或小孩的家庭居住。

小贴士

有一些人认为"9 ~ 11 层是扬灰层"，即在这个高度范围内的灰尘密集度较大。有物理学家指出过，这种说法不符合大气物理常识，空气中的污染随着气流不断流动与下沉，在空气没有污染的情况下，楼层越高，空气越好。

中间楼层真的不容易被盗吗

某些特别的买房者在选择楼层时，不仅会考虑各外界因素对楼层的影响，还会考虑房屋的安全性，即容不容易被盗。这部分中的不少人认为买中间楼层最安全，因为楼上楼下都有邻居，且小偷不容易进入。下面就通过一则新闻来看看，中间楼层是否真的最安全。

案例陈述

2015 年 6 月 26 日，重庆市某地区刘女士发现家里被盗，丢失了一条铂金项链、两瓶茅台和一瓶葡萄酒，金额超过 5000 元。派出所民警到现场勘查发现，刘女士家中门窗完好无损，偷盗人是通过技术开锁直接从大门进入室内的。而刘女士所住小区位于闹市，她的家位于中间楼层，整栋大楼有上百家住户，只有她一家被盗。根据刘女士的描述，她当初选择中间楼层就是考虑到安全，因为上下都有邻居，她也想不通的是为何白天家里还会被盗。

民警根据现场勘查断定，该起盗窃案应该是"老手"所为，通过侦查走访，随后将犯罪嫌疑人抓获。在审问偷盗人的过程中，民警询问其为何选择中间楼层偷盗。根据偷盗人的描述，因为靠近街道的底层和接近顶层的住户一般都会关窗，远处无法看清屋里情况，中间楼层住户关窗少，很容易在高点观察到房间内的情况，如家里是否有人、财物的摆放情况等，且更加方便逃脱。

由此可以看出，中间楼层并不是真的最安全，反而会更加方便偷盗人行窃。所以买房者千万不能因为这个误区而选择中间楼层，而是应根据自己的居住要求和状况，在各楼层之间权衡利弊后选择最适合自己的楼层。

顶层送阁楼的房子，买到真是赚到吗

部分买房者在选购房屋时，常常会纠结是否可以买顶层。夏天暴雨常发，住在顶层的业主经常遭到漏雨的侵害。但是顶楼也有顶楼的好处，其最大一个好处就是送阁楼。而"买顶层，送阁楼"的房屋也深受开发商的热捧，这是吸引买房者的一个不可多得的噱头。阁楼作为被赠送品，即买房者买一层还送一层，会让业主觉得捡了一个很大的便宜，可事实并非如此，那么买房者应该如何看待"买顶层，送阁楼"呢？下面就来看看。

（1）不要被送阁楼的手段迷惑

前面讲到，顶层的房子冬冷夏热，还容易漏雨，一直都是比较难卖出去的房子。因此，许多开发商会利用买顶层送阁楼的促销手段，迷惑一些买房者。当然，还利用了一些年轻人喜欢休闲娱乐的心理，即幻想周末的清晨或午后，约三两个好友在阁楼中喝喝茶、聊聊天，顺便晒晒太阳,但此刻买房者需要保持理智,因为自己还有老人和小孩，考虑他们是否真的需要居住在顶层。

（2）阁楼是坡顶才算赚到

若买房者选购的是刚需性住房，那么带阁楼的顶层具备一定的性价比，毕竟多了一层，节省了一定的钱。但必须要弄清楚，该阁楼是否是坡顶的,因为只有有坡顶的阁楼才真的具有很好的隔热、防水效果。

（3）买顶层送阁楼的注意事项

如果买房者需要购买"顶层＋阁楼"的户型，那么就需要注意以下三点事项。

◆ **弄清阁楼的计算方式**：如果阁楼计算在销售面积中，那么需要弄清楚计算方式，做到心中有数。

◆ **弄清配套**：部分楼盘顶层与阁楼之间的楼梯，需要买房者另外出钱购买，买房者一定要在签订合同之前弄清楚。

◆ **明确产权**：对于赠送的阁楼中低于 2.2 米不计算建筑面积，但有使用功能的部分,要在房屋权属登记中明确相应权利的归属。

房屋朝向怎么选

现在开发商修建的房子，东西南北朝向的都有，房屋朝向关系到日后居住时每日的日照时长、窗外的景物等。哪个朝向的房屋最适合买房者呢？本节就来看看房屋的朝向问题。

房屋朝向的重要性

如今，许多想要买房或准备买房的买房者，在考虑房屋的影响因素时都少不了房屋的朝向，只有好的朝向才有好的居住环境。简单理解，如果房屋朝向不好导致房屋一直处于比较阴暗的环境中，会给居住者带来不舒服的感觉。好房子的标准很多，户型、朝向以及楼层等都是很重要的。但对于很多买房者来说，却不清楚应该如何选择朝向。下面就先来看看朝向到底具有哪些重要的作用，如图 2-3 所示。

日照采光	为了满足杀菌消毒的卫生需要，提高居住舒适度，我国对日照的要求有详细的规定。一般来说，对于绝大多数地区的房屋来说，坐北朝南是较好的朝向，只要偏南不超过 30°都是可以接受的范围，而且越偏向南方越好。
噪音影响	为了避免或减轻噪声的影响，买房者可以考虑购买与交通道路相反朝向的房屋，但是这样的房屋也有缺点，就是日照和通风会差一些。因此，买房者只能寻找这几点影响因素中的一个平衡点，并最终确定目标房屋。
自然通风	房屋的自然通风不仅是对安全提出的要求，还可以满足人们的生理及心理需求。因为风向可以影响住宅楼的空气质量，特别是对污染较为严重的城市来说，如北京、成都等地，若住宅楼位于城市的下风口，那么空气就会受到比较严重的污染。

图 2-3

小贴士

房子的坐向是从人坐着时的前后方位引申而来的，一个人坐着时，脊柱所在的方位就是坐，身体正面所在的方位就是向。换句话说，背后为坐，面前为向。

为什么不要买西晒房

西晒是指房屋西向，会造成下午太阳直射的一种现象，是建筑物由于地理位置产生的一种危害。众所周知，建筑朝向的选择要满足冬季有较多日照，夏季则要避免过多的照射，根据我国的地理位置，南向及其邻近朝南的建筑可以满足这一条件。

然而，由于地形的限制或者考虑到小区的整体规划和布局，往往很多住宅处于东西朝向，这就使得建筑中有部分房间存在西晒的问题。

那么，为什么买房者在买房时都对"西晒房"唯恐避之不及呢？这主要是因为西晒房确实存在一些比较明显的劣势，如表 2-2 所示。

表 2-2　西晒房的劣势

名称	说明
房间内家具的使用年限降低	在夏季，西晒房室内的温度会比其他房间高出至少 2℃~3℃。由于受到过强的太阳光紫外线的照射，会让家具、地板以及窗帘等褪色并加速老化，进而大大缩短其使用寿命
房间冬冷夏热	西晒房有一个非常显著的特点，那就是夏天不通风，屋内闷热；冬天西北风无孔不入，就算关了窗，也无法完全隔绝寒风
消耗电能	夏天强烈的日晒会使得朝西的房间比其他房间的温度高很多，并且阳光透过西晒房的玻璃还会释放出巨大热量，导致空调运转能耗巨大，增加用电费用
氧分易被蒸发	在夏季的下午，阳光照射房子，墙壁吸收了热量，到晚上时这些热量就会散发出来，并蒸发掉大量房屋的氧分，导致居住在房间里的人精神状态变差

正南方向不一定最好，各地最佳房屋朝向不同

许多买房者在买房时，理所当然地认为朝正南方向的户型好，所以此种朝向的户型因为受到市场的追捧，而价格普遍偏高。其实，正南的房子不一定就是最好的，因为很多房子并非真正的朝南，而是偏移了一定的方向。由于各地的纬度、地域和地形不一样，所以各地的最佳朝向也存在着一定的差异，如表 2-3 所示为全国部分地区最佳建筑的朝向。

表 2-3　全国部分地区最佳建筑朝向

地区	最佳朝向	适宜朝向
北京	南偏东 30° 以内，南偏西 30° 以内	南偏东 45° 以内，南偏西 45° 以内
上海	南至南偏东 15°	南偏东 30°，南偏西 15°
哈尔滨	南偏东 15° ～ 20°	南至南偏东 15°，南至南偏西 15°
武汉	南偏西 15°	南偏东 15°
广州	南偏东 15°，南偏西 5°	南偏东 22°，南偏西至西
西安	南偏东 10°	南、南偏西
长春	南偏东 30°，南偏西 10°	东，东北，西北
沈阳	南、南偏东 20°	南偏东至东，南偏西至西
合肥	南偏东 5° ～ 15°	南偏东 15°，南偏西 5°
杭州	南偏东 10° ～ 15°	南、南偏东 30°
郑州	南偏东 15°	南偏东 25°

　　一般来说，南北通透的房子，通风和采光效果都比较好。冬天南面受到阳光的照射，比较暖和，而夏天南北能形成对流，风穿堂而过，非常凉爽。但并非朝南的房子，采光就好，因为现在很多楼盘都有很多栋楼，每层楼中又有多家住户，这样就会使通风和采光相互遮挡，所以买房者还需要结合户型、楼层等因素来选购房屋。

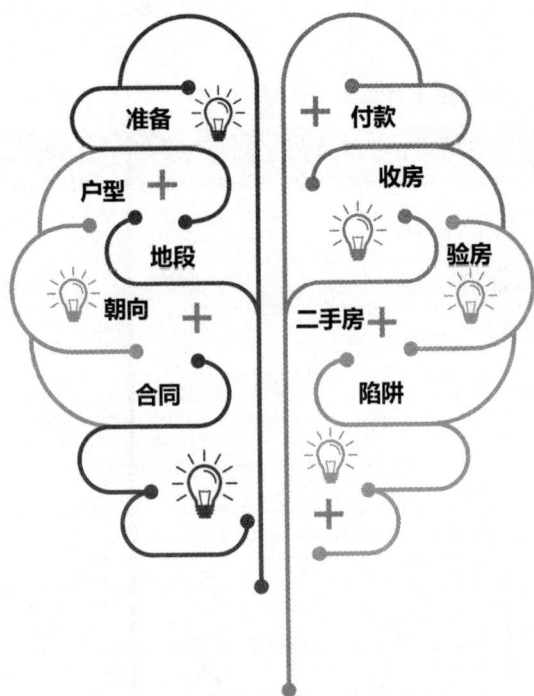

准备

户型

地段

朝向

合同

付款

收房

验房

二手房

陷阱

第3章
选择不一样的住房，拥有不一样的生活

当前，房地产市场中销售的住房种类繁多，按照不同的分法，又可以分为多种类型。其中，最常见的是按房屋的属性分类，主要分为商品房、房改房以及保障性住房等。同时，部分开发商还在这些住房的基础上推出了精装修房，本章就来认识一下这些不同类型房屋的特点。

最常见的普通商品房

商品房在中国兴起于 20 世纪 80 年代，也是目前最为常见的房屋，其价格由成本、税金、利润、代收费用以及地段、层次、朝向、质量和材料差价等组成。另外，从法律角度来看，商品房是指按法律、法规及有关规定可在市场上自由交易，不受政府政策限制的各类商品房屋，包括新建商品房、二手房等。而商品房根据其销售对象的不同，可以分为外销商品房和内销商品房两种。

商品房预售需要具备的条件

商品房预售也称期房买卖，根据我国《城市商品房预售管理办法》第二条规定，商品房预售是指房地产开发企业将正在建设中的房屋预先出售给承购人，并由承购人支付定金或房价款的行为。

由于房地产开发工程量大、开发时间长以及投资额高，因此许多开发商都希望以商品房预售的方式筹集一部分资金，进而维持公司的现金流，同时也可以借此转移房地产市场带来的风险。而对于买房者来说，也可以避免一次性支付过多房款，到结清尾款时还有很长一个周期，买房者可以将暂时不用交纳的钱用作投资。

商品房预售并不完全等于房屋买卖，只能说是准房屋买卖。在进行商品房预售时，买卖合同的标的房屋没有形成，其实质就是预约买房，在房屋建设完成后，买房者就可以获得房屋买卖的所有权。

由于买房者在支付了相应的预付款后，并不能立即获得商品房的控制权，也不能对房屋的建设进程产生影响，这就使得买房者与开发商之间产生不对等的关系。为了避免开发商经营不善或恶意"炒房"而使买房者的利益受损，国家对商品房预售设立了严格的条件，即预售许可证制度。其中，商品房预售的特征主要有两点，如图3-1所示。

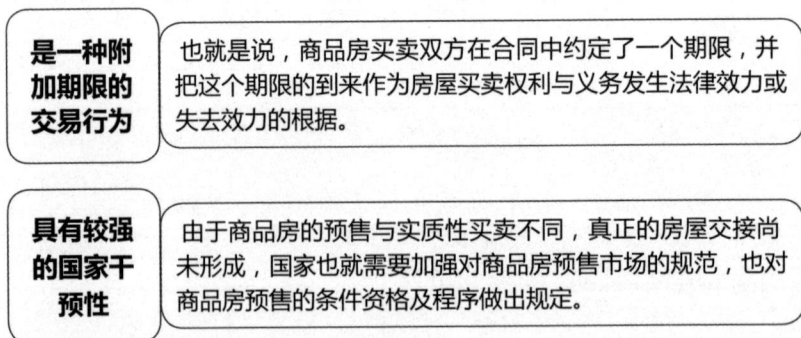

是一种附加期限的交易行为	也就是说，商品房买卖双方在合同中约定了一个期限，并把这个期限的到来作为房屋买卖权利与义务发生法律效力或失去效力的根据。
具有较强的国家干预性	由于商品房的预售与实质性买卖不同，真正的房屋交接尚未形成，国家也就需要加强对商品房预售市场的规范，也对商品房预售的条件资格及程序做出规定。

图 3-1

根据《中华人民共和国城市房地产管理法》第四十五条规定，商品房预售的条件如下。

◆ 已交付全部土地使用权出让金，取得土地使用权证书。

◆ 持有建设工程规划许可证。

◆ 按提供预售的商品房计算，开发商投入开发建设的资金应达到工程建设总投资的百分之二十五以上，并已经确定施工进度和竣工交付日期。

◆ 向县级以上人民政府房产管理部门办理预售登记，取得商品房预售许可证明。

商品房预售人，必须按照国家有关规定将预售合同报县级以上人民政府房产管理部门和土地管理部门登记备案。同时，预售所得款项必须用于有关的工程建设。

你知道商品房也有保修期吗

一般情况下，商品房都有保修期。商品住宅保修期是指物业开发建设单位在物业交付使用后，对业主有保修责任的期限。根据我国相关法律规定，房地产开发企业应对其所售商品房承担质量保修责任。当事人应在合同中就保修范围、保修期限及保修责任等内容做出约定。

其中，商品房的保修期限不得低于建设工程承包单位向建设单位出具的质量保修书约定保修期的存续期，存续期少于《商品住宅实行住宅质量保证书和住宅使用说明书制度的规定》中确定的最低保修期限的，保修期不得低于上述《规定》中确定的最低保修期限。

国务院在《建筑工程质量管理条例》中规定，建设工程承包单位向建设单位出具的质量保修书的最低保修期限有下列几条。

（1）基础设施工程、房屋建筑的地基基础工程和主体结构工程，为设计文件规定的该工程的合理使用年限。

（2）屋面防水工程、有防水要求的卫生间、房间和外墙面的防渗漏，一般为5年。

（3）供热与供冷系统，为两个采暖期、供冷期。

（4）电气管线、给排水管道、设备安装和装修工程，为两年。

根据《商品住宅实行住宅质量保证书和住宅使用说明书制度的规定》规定，由开发商负责保修的房屋各部位的最低保修期为下列几条。

（1）屋面防水三年。

（2）墙面、厨房和卫生间地面、地下室、管道渗漏一年。

（3）墙面、顶棚抹灰层脱落一年。

（4）地面空鼓开裂、大面积起砂一年。

（5）门窗翘裂、五金件损坏一年。

（6）管道堵塞两个月。

（7）供热、供冷系统和设备一个采暖期或供冷期。

（8）卫生洁具一年。

（9）灯具、电器开关六个月。

（10）其他部位、部件的保修期限，由房地产开发商与用户自行约定。

买房者在购买商品房时一定要注意，商品房有保修期的规定，因此在签订房屋买卖合同以及收房时，最好将关于质量的问题约定明确。如果购买的商品房出现了质量问题，可以根据上面的条款维护自己的权益。

商品房可以继承吗？应该如何操作

在房产交易中，商品房是最常见的一种房屋。一般情况下，商品房的产权办理事项不会出现问题。当然，商品房也会涉及其他产权共有关系比较复杂的例外情况，比较常见的就是商品房的继承。

（1）商品房是否可以继承

在房价不断上涨的现代社会生活中，有些人也许每天都因为房子而四处奔波，而有些人年纪轻轻却拥有多处房产，其中不乏从父母或者过世的亲人处继承所得。继承遗产首先要明确房屋的权属，是公房还是私房。那么商品房是否可以继承呢？其需要具备哪些条件呢？下面就来看看。

◆ 商品房可以继承，但涉及过户更名的问题，过户更名相当于上市交易，特别是在当前具有限购政策的环境中，继承房产会比较严格，即房产证必须要满 5 年才可以办理更名手续。

◆ 商品房的继承限制主要体现在产权方面，同时还有很多种限制情况，共有人是商品房买卖风险的最大制造者。他们会通过寻找合同中的漏洞以逃避法律责任而追求己方利益，或为合同的履行设置障碍。

◆ 婚前或婚后财产继承也是一种限制，如果房产是由一方婚前承租，婚后用共同财产购买，房屋权属证书登记在一方的名下，则应当认定为夫妻共同财产，需要申请法院确认使用权的归属，再进行继承的认定。

◆ 如果没有任何书面协议，将出现有继承权的都可继承分割该遗产，继承份额按法定继承规定。房产证没下来的，公证处不会予以公证。

（2）商品房如何继承

房产的继承分为两部分，分别是法定继承和遗嘱继承。继承房产是一个事实行为的发生，法律保护房屋所有权人，如果该房屋要用于买卖交易，必须先去房屋管理部门登记，进行公证。在公证的过程中，当事人首先需填写公证申请表，然后提交相关的材料。该材料主要分为两部分，分别是继承资料和遗嘱继承人应提交的材料，如表3-1所示。

表3-1　房产继承公证需要提交的材料

材料名称	详情
继承资料	1. 申请人的身份证或户口簿原件及其复印件； 2. 代理人代为申请的，委托代理人需提交授权委托书和身份证原件及其复印件，其他代理人需提交有代理资格的证明； 3. 被继承房产的产权证明； 4. 被继承人的死亡证明； 5. 法定继承人已死亡，需提交死亡证明及亲属关系证明； 6. 被继承人的婚姻，父母、子女情况证明及有亲属关系证明； 7. 公证人员认为应提交的其他证明、材料
遗嘱继承人应提交的材料	1. 上述继承资料中的1~4条证明材料； 2. 被继承人的遗嘱； 3. 有遗嘱执行人的，提交执行人的身份证原件及其复印件； 4. 公证人认为应该提交的其他证明材料； 5. 继承公证费按照继承人所继承的房地产评估价的2%或按照受益额的2%收取，最低不低于200元

自住型商品房可以出租吗

目前，许多一、二线城市的外来人员不断增多，很多城市本地的居民就会选择将自己暂时不用居住的房子出租，这样也会为自己增加一笔收入。那么，自住型商品房可以出租吗？答案是肯定的，不过因为自住型商品房是政策性住房的一种，出租需要符合规定。即购买此类住房后 5 年内不得上市，5 年后上市收益的 30% 上缴财政。其中，自住型商品房出租需要注意以下事项。

（1）合同中应写明出租人和承租人的姓名及住址等个人情况。

（2）需要在合同中写明住房的确切位置和面积、住房装修情况（如门窗、地板以及厨房和卫生间等）、配备设施和设备（如家具、家用电器、厨房设备和卫生间设备等）。

（3）住房用途主要说明两点情况：一是住房是用于承租人自住、承租人一家居住，还是允许承租人或其家庭与其他人合住；二是住房是仅能用于居住还是能用作其他用途，如办公等。

（4）房租及支付方式由出租人和承租人协商确定，在租赁期限内，出租人不得擅自提高房租。租金的付款方式大致有按年付、按半年付以及按季付等。

（5）在签订合同时，双方要想到可能产生的违反合同的行为，并在合同中规定相应的惩罚办法。例如，如果承租人不按期交纳房租，需要交纳一定比例的滞纳金。

可以获得补偿的房改房

房改房又可以叫作已购公房，是指享受国家房改优惠政策的住宅。即居民将现住公房以标准价或成本价扣除折算后（旧住宅还要扣除房屋折算）购买的公房。房改房又分为成本价、标准价（优惠价）以及央产房等类型，每种类型的房屋交易方式都有所不同，属于部分产权。

房改房的住房补贴怎样补

房改房是国家对职工工资中没有包含住房消费资金的一种补偿，是住房制度向住房商品化过渡的形式，它的价格不由市场供求关系决定，而是由政府根据实现住房简单再生产和建立具有社会保障性的住房供给体系的原则决定，以标准价或成本价出售。

房改房的销售对象是有限制的，不是任何人都可以享受房改的优惠政策，购买房改房的人只能是承住独用成套公有住房的居民和符合住房分配条件的职工。在房改房中对购房的面积有所控制，规定人均可购房的建筑面积的控制指标，以防止一些人利用职权大量低价购买公有住房，造成国有资产或公有财产的流失。另外，购买房改中的公有住房，在进入市场方面也有限制。出售给职工的公有住房，一般需要在住若干年以后才可出售，指职工以标准价或成本价购买的公有住房。那么，房改中住房补贴是如何进行的呢？

◆ 住房补贴可能只在大中城市内增发

住房补贴是由于现行职工工资收入与住房价格之间的差距过大而增发的，一般小城市房价收入比（一套中等水平住房的售价与家庭平均年收入比）在合理的范围内，普通工薪阶层在建立住房公积金后，均能以其工资收入加上住房金融支持，购买上经济适用商品住房。因此，一般在小城市中很少会发放住房补贴。

◆ 住房补贴的比重

通过使用住房补贴后买房，职工个人承担的住房支出款额不能低于房改成本价，以职工 20 年分期付款购买一套普通住房的月支付房价不低于家庭工资收入的 15% 作为依据。住房补贴发放比例，主要根据房价收入比，即以当地的住房价格和职工的收入水平来控制。

◆ 住房补贴发放的方式

住房补贴可以按月计发，按月发补贴对增加住房的有效需求影响度大，可以在住房公积金和商业银行的住房贷款配合下，使更多的职工在较早期就实现住房消费，然后用补贴和收入逐步归还贷款。

◆ 房改政策的衔接性

增发住房补贴后，居民购买经济适用住房，要与《国务院关于深化城镇住房制度改革的决定》规定的职工购买房改成本价住房相衔接，即在两种情况下，购买同样条件的住房，个人支付的房款大体相同，前者比后者要稍多一些。

◆ 企业的住房补贴

首先，停止无偿分房。其次，联系房价增发补贴。企业情况千差万别，工资水平高的企业，可不增发补贴；工资水平一般，资金转化有困难的企业，可逐步增发补贴；经营困难的企业，在效益好转时可再予考虑。

房改房出售与普通商品房的区别

房改房出售与普通房屋出售存在一定的区别，如在房屋的售价、产权、交易对象以及优惠政策等因素上都有所不同，下面就来看看到底有何不同。

◆ **售价的区别**：房改房主要由实现住房再生产和建立具有社会保障性的住房供给体系的原则决定，比市场价低一些，通常根据建设房屋的成本价定价或政府的标准定价。普通商品房的售价主要受房屋所在位置、建设成本等因素影响，最后按照市场标准制定。

◆ **产权的区别**：房改房的房屋产权分为两部分，分别是全部产权和部分产权。普通商品房的所有权是永久的，土地使用权分为70年、50年和40年。

◆ **购房面积的区别**：房改房的购房面积要根据购房人的实际状况进行最低比例的分配，不能任意选择购买房屋的面积。普通商品房只要是能力范围内的房屋面积都可以购买。

◆ **优惠政策的区别**：房改房的优惠政策与购买房屋的人的单位类

别、职位和工龄等方面有关。普通商品房的优惠政策与房屋的
面积、产权年限以及房产总数等方面有关。

◆ **交易对象的区别**：房改房的交易对象是拥有一套自己的公房的
人和符合住房分配条件的职工。普通商品房的交易对象只要是
可以自由进行房产交易的对象即可。

房改房产权纠纷如何解决

房改房虽然是国家对职工的一种住房消费资金的补偿，但同样存
在着产权问题。如果发生房改房产权纠纷问题，买房者应该要知道如
何解决，而不是自己认栽。其中，房改房的产权问题主要有两种，具
体介绍如下。

（1）参加房改的职工死亡引起的房改房的继承问题

职工购买了单位的房改房，但在办理产权证之前因病死亡，该房
产能否作为遗产继承？此时可以根据不同情况做出不同处理。

根据现有法律，房屋产权转移时间以办理产权证为准，即没办理房
屋产权证就不享有房屋所有权。而根据《继承法》的规定，遗产是公民
死亡时遗留的个人合法财产，其中的合法财产包括财产和财产权利。

（2）参加房改购买公房的职工与售房单位解除劳动关系

参加单位房改购买公房的职工因调动工作、辞职以及被辞退等，
与售房单位解除劳动关系，售房单位可以以该职工已不是本单位职工
为由，要求收回房屋。

根据现有法律规定，房屋产权转移时间以办理产权证为准。职工

在没有取得产权证前，就与售房单位解除了劳动关系，就会丧失以优惠价格购买公房的资格。因此，双方签订的售房协议，在履行中因购买方丧失应具备的主体资格而失效，所以售房单位有权收回房屋。

房改房是否有土地证，应该如何办理

现在的房屋买卖，不仅要有产权证，还要有土地证，因此，现在越来越多的买房者开始关注土地证。有些买房者可能会觉得有产权证就够了，不一定非得要土地证，但是没有土地证就无法在银行办理抵押贷款。那么，房改房是否有土地证呢？房改房土地证又该如何办理呢？

（1）房改房是否有土地证

土地证是土地权利人依法拥有土地使用权利的法律凭证，一套住房应当拥有房屋所有权证和土地使用权证，两证齐全才算获得了完整的权利。购买只有房产证没有土地证的房子，在办理房产过户手续时，当事人必须提供房产证、土地证和契税证，否则无法过户。因此，买房者购买的房屋如果有房产证而没有土地证，过户肯定遭拒。那么，房改房的土地证是如何规定的呢？

① 房改房要办土地证，要原产权单位持原土地证、公房出售文件和房改名单到国土资源局办理分割登记，按分割单元领取土地分割登记证。

② 房改房土地证的办理要符合三个条件。条件一，单位房改房用地已经办理了土地登记，领取了整宗地的国有土地使用证；条件二，符合房改房政策，参加了房改；条件三，原房改房单位同意办理。

③ 对于已办理房产证，但申请时提供材料不齐的，申请人把材料

收集齐全就可按有关程序办理土地证；原用地单位未申请土地登记的，由国土资源部门责令限期申请办理。

④ 房地产开发项目因改变土地用途后，出让合同用途与实际用途不符（或部分不符）导致土地证无法办理的，对与原批准用途一致的部分，凭房产证办理土地证。

（2）房改房土地证如何办理

买房者要单位申请领取总的土地使用证，所有参与房改的干部职工个人的《国有土地使用证》由房改单位持房屋销售的协议和房改办的批准文件，统一到土地所在区国土资源局申请办理土地分户登记，其具体流程如下。

① 房屋转让连同土地使用权转移，需提交房屋买卖协议、房屋产权证和原土地使用证。

② 房屋连同土地使用权继承，赠予需提交房屋产权证、原土地使用证、公证书或使用权人亲笔签名协议与街道证明。

③ 新建房屋土地登记需提交土地和规划部门建房批件。

④ 土地证书遗失或者损毁的，土地权利人应当及时向原发证机关备案，申请补发新证，并在当地报纸上进行公告。自公告之日起30日内无异议的，原发证机关注销原土地证书，补发新证书。

⑤ 买卖分宗、继承、赠予分宗须双方共同到国土资源局办理。

⑥ 委托代办除提交上述资料外，还须提供委托人签名盖章委托书。

省钱的保障性住房

如今，房价越来越高，买房越来越困难。对于一些低收入的人群来说，想要购买一套属于自己的住房，就只能依靠政策上的一些调整，如保障性住房。保障性住房的价格相对于普通商品房来说会更加低廉，可以减轻一些买房负担。

你是否清楚保障性住房的类型

保障性住房是指政府在对中低收入家庭实行分类保障过程中所提供的限定供应对象、建设标准、销售价格或租金标准，具有社会保障性质的住房，一般是由廉租住房、经济适用住房和政策性租赁住房构成。

同时，保障性住房有别于完全由市场形成价格的商品房。此房产如果进行交易，需要满足取得产权证5年以后，并且满5年后由政府优先回购，政府不能回购的，需要把当时优惠的土地出让金先上交，才可以上市交易。下面就来看看保障性住房的常见类型。

（1）经济适用住房

经济适用住房是政府以划拨方式提供土地，免收城市基础设施配套费等各种行政事业性收费和政府性基金，实行税收优惠政策，以政府指导价出售给有一定支付能力的低收入住房困难家庭。这类低收入家庭有一定的支付能力或者有预期的支付能力，购房人拥有有限产权。

经济适用住房是具有社会保障性质的商品住宅，即具有经济性和适用性的双重特点。其中，经济适用住房的价格相对于市场价格比较适中，能够适应中低收入家庭的承受能力。

（2）安置房

安置房是政府进行城市道路建设和其他公共设施建设项目时，对被拆迁住户进行安置所建的房屋。即因城市规划、土地开发等原因进行拆迁，而安置给被拆迁人或承租人居住使用的房屋。根据我国法律的规定，安置房的转让交易需要在取得该安置房房产证后才可以进行，这时的过户交易与一般的房屋没有任何区别之处。安置的对象是城市居民被拆迁户，也包括征地拆迁房屋的农户。

（3）公共租赁住房

公共租赁住房是指由国家提供政策支持，各种社会主体通过新建或者其他方式筹集房源、专门面向中低收入群体出租的保障性住房，是一个国家住房保障体系的重要组成部分。公共租赁住房不是归个人所有，而是由政府或公共机构所有，用低于市场价或者承租者承受得起的价格，向新就业职工出租，包括一些新毕业的大学生，还有一些从外地迁移到城市工作的群体。

（4）廉租房

廉租房是指政府以租金补贴或实物配租的方式，向符合城镇居民最低生活保障标准且住房困难的家庭提供社会保障性质的住房。廉租房的分配形式以租金补贴为主，实物配租和租金减免为辅。根据住房和城乡建设部、财政部、国家发展和改革委员会联合印发的《关于公共租赁住房和廉租住房并轨运行的通知》（建保〔2013〕178号）的规定，从2014年起，各地公共租赁住房和廉租住房并轨运行，并轨后统称为公共租赁住房。其中，廉租房只租不售，出租给城镇居民中的低收入者。

（5）两限商品房

两限商品房即"限套型、限房价"的商品住房。为降低房价，解决城市居民自住需求，保证中低价位、中小套型普通商品住房土地供应，经城市人民政府批准，在限制套型比例、限定销售价格的基础上，以竞地价、竞房价的方式，招标确定住宅项目开发建设单位，由中标单位按照约定标准建设，按照约定价位面向符合条件的居民销售的中低价位、中小套型普通商品住房。

购买保障性住房的条件有哪些

保障性住房是与商品房相对应的一个概念，由于现在房价比较高，所以很多人都希望申请保障性住房，但不是所有人都有资格申请，需要申请人满足必要的申请条件，同时还要提交申请材料。

（1）保障性住房申请条件

① 每一住房困难家庭或者单身居民只能申请购买或者租赁一套保障性住房，或者选择申请货币补贴。已婚居民应当以家庭为单位申请保障性住房。

② 住房困难家庭或者单身居民申请租赁保障性住房应当符合下列条件。

◆ 家庭申请的，家庭成员中至少一人具有本市户籍；单身居民申请的，应当具有本市户籍。

◆ 家庭人均年收入或者单身居民年收入在申请受理日之前连续两年均不超过本市规定的租赁保障性住房的收入线标准。

◆ 家庭财产总额或单身居民个人财产总额不超过本市规定的租赁保障性住房的财产限额。

◆ 家庭成员或单身居民在本市无任何形式的住宅建设用地或者自有住房。

◆ 家庭成员或者单身居民提出申请时未在本市和国内其他地区享受住房保障。

◆ 市政府规定的其他条件。

③ 住房困难家庭或者单身居民申请购买保障性住房应当符合下列条件。

◆ 家庭申请的，其全部家庭成员应当具有本市户籍。家庭成员的户籍因就学、服兵役迁出本市的，在就学、服兵役期间视为具有本市户籍；单身居民申请的，应当具有本市户籍。

◆ 家庭人均年收入或单身居民年收入在申请受理日之前连续两年均不超过本市规定的购买保障性住房的收入线标准。

◆ 家庭财产总额或单身居民个人财产总额不超过本市规定的购买保障性住房的财产限额。

◆ 家庭成员或单身居民在本市和国内其他地区无任何形式的住宅建设用地或者自有住房。

◆ 家庭成员或单身居民在申请受理日之前三年内未在本市和国内其他地区转让过住宅建设用地或者自有住房。

◆ 家庭成员或单身居民未在本市和国内其他地区购买过具有保障性质或其他政策优惠性质的住房，但作为家庭成员的子女在单独组成家庭或者达到规定的年龄条件后申请购买保障性住房的除外。

◆ 市政府规定的其他条件。

④ 未租赁保障性住房且符合租赁保障性住房条件的困难家庭或者单身居民，可以申请货币补贴。自有住房面积低于本市规定的住房保障面积标准，且符合相关规定以外条件的家庭或者单身居民，可以申请货币补贴，货币补贴按月发放，补贴金额按照户籍人口数计算。

⑤ 租赁保障性住房的住房困难家庭或者单身居民，因经济原因缴纳租金确有困难的，可以申请缓缴、减缴或者免缴租金。申请缓缴、减缴或者免缴保障性住房租金的具体办法，由市政府另行制定。

⑥ 保障性住房申请条件中规定的收入线标准、财产限额、住房保障面积标准和货币补贴标准，由市主管部门会同人居环境、财政、民政、人力资源和社会保障、统计等相关部门，每年根据本市居民收入水平、家庭财产状况、住房状况以及政府财政承受能力、住房市场发展状况

等因素划定，报市政府批准后公布执行。

（2）保障性住房申请材料

① 申请市区廉租住房实物配租需提供的材料：家庭成员身份证及户口簿原件、复印件；持有民政部门核发的《本市城市居民最低生活保障金领取证》或持有总工会核发的《本市市区特困居民证》原件、复印件；租住私房的提供市住房保障和房产管理部门鉴证的《房屋租赁合同》；租住公房的由单位出具住房情况证明原件、复印件；自有住房建筑面积人均不足 15 平方米的家庭应出具房屋产权证的原件、复印件；社区受理申报材料对原件验证，并在上报的复印件上盖章确认；申请对象为孤、老、病、残、急需救助等情况的应同时提供疾病诊断材料、残疾证等有关证明。

② 申请市区廉租住房租赁补贴需提供的材料：夫妻双方身份证、家庭成员户口簿原件、复印件；租房的由出租方提供市住房保障和房管部门鉴证的《房屋租赁合同》原件；自有住房建筑面积人均不足 18 平方米的家庭应出具房屋产权证原件、复印件；低保家庭须持有民政部门核发的《本市城市居民最低生活保障金领取证》原件、复印件，特困家庭须持有总工会核发的《本市市区特困居民证》原件、复印件，《廉租住房租赁补贴申请表》。

③ 申请市区经济适用住房需提供的材料：家庭成员身份证及户口簿原件、复印件；低保、特困家庭出具《本市城市居民最低生活保障金领取证》原件、复印件或《本市市区特困居民证》原件、复印件；租住公房的由单位出具住房情况证明或直管公房租赁证原件、复印件。

自有住房建筑面积人均不足18平方米的家庭应出具房屋产权证的原件、复印件；城市拆迁家庭提供拆迁协议原件、复印件。

④ 申请市区公共租赁住房需提供材料：若《本市区公共租赁住房建设管理实施办法》正在征求意见，待修改后并报政府审定后出台。《本市区公共租赁住房建设管理实施办法》对申请市区公共租赁住房需提供材料做了明确的规定。

⑤ 申请市区中低价位商品房需提供的材料：市区中低价位商品房房源具体房号通知函件或批复意见复印件；填写齐全的本市区中低价位商品房准购审批表；本市房屋拆迁协议书（产权调换）原件；申购人（被拆迁人）身份证及户口簿复印件（拆迁人或拆迁实施单位盖章）；其他需提供的证明材料。

保障性住房是否值得买

虽然购买保障性住房可以获得很多价格上的优惠，但是保障性住房也存在着一些问题，如设计滞后、质量隐患以及管理漏洞等，其具体介绍如下。

◆ **设计滞后**：地方保障性住房规划布局有待改善，交通、生活市场等配套设施的建设相对滞后。部分保障性住房离市中心较远，配套设施无法同步建设，即便是建成后也没有立即安排入住，或是入住了但生活不方便。同时，部分保障性住房内部结构设计得很简单甚至不合理，影响使用。

◆ **质量隐患**：某些保障性住房的施工、监理以及验收质量等把关不严，还有的房屋使用不合格的建筑材料，存在质量安全隐患。

◆ **管理漏洞**：由于个人和家庭住房、收入支出以及固定资产等情况基础信息不足，核实存在难度，所以就存在某些地方的保障性住房在分配中，出现弄虚作假、申报不实等行为，同时还存在工作人员不按规定程序和条件审批、不认真履行职责以及失职渎职等现象。

◆ **政策不全**：我国保障性住房的建设与管理还处于摸索阶段，包括机制、政策以及保障范围等都还需要不断完善。同时，还存在着政策界限不清晰、利益调节与退出机制不完善等问题。

◆ **资金短板**：保障性住房在建设时，资金筹集和征地拆迁的压力较大。其中，中西部地区资金压力更大一些，有些地方的保障性住房用地未能及时完成征地拆迁，最终影响建设周期。

◆ **法制缺乏**：现行住房保障政策都是以规范性文件形式发布，虽然具有一定效力，但未形成完整的法律制度约束。虽然有《城镇最低收入家庭廉租住房申请、审核及退出管理办法》，但是不具备法律约束性。

其实，在国外许多国家已经通过了保障性住房的立法，在法律层面也严格规定了进入与退出的机制，并实施有效的动态监督，以保障资源的公平分配。

懒人的精装修住宅

现在有不少的楼盘都喜欢将房子精装修，然后高价销售，而这个高价也没有一个统一的标准，如普通毛坯房均价每平方米 6000 元，而精装修的房屋会贵到上万元甚至更高。那么，购买精装修的房屋真的很有必要吗？本节就来看看何为精装修房，是否真的值得购买。

买精装修房，还是毛坯房

买房者在购买商品房时，可以看到两种房屋情况，分别是精装修房和毛坯房。相对于毛坯房而言，批量精装修房分为简装修与精装修两种。根据《商品住宅装修一次到位实施导则》的要求，精装修住宅在交房屋钥匙前，所有功能空间的固定面全部铺装或粉刷完成，厨房和卫生间的基本设备全部安装完成。毛坯房又称为"初装修房"，大多屋内只有门框没有门，墙面地面仅做基础处理而未做表面处理。而屋外全部外饰面，包括阳台、雨罩的外饰面应按设计文件完成装修工程。

其中，精装修房与毛坯房的优势与劣势比较如表 3-2 所示。

表 3-2　精装修房与毛坯房的优劣势比较

房屋情况	优势	劣势
精装修房	1. 省时、省力、省心。如果是有实力的开发商提供的有品质的精装修房，不仅可以减少被蒙骗的可能，还能将装修与住房进行一次性贷款 2. 不必受邻居装修的影响。各家装修时间不同，如果购买毛坯房则需要做好忍受装修干扰的准备，而精装修房则不会 3. 经济实惠。开发商统一装修，可以最多节省 50% 的装修费，质量大部分也可以得到保证	1. 难以满足个人买房者的需求。统一装修，装修的模式过于单一，买房者如果不喜欢该装修风格，想要进行二次装修则比较麻烦 2. 缺乏自主权。因为房屋装修公司和主材品牌都是由开发商确定的，且开发商会收取部分管理费 3. 质量问题。因为自己未参与监督装修，所以品质和细节问题就需要特别注意，特别是购房合同中的附件 4. 可能掩盖施工问题。毛坯房的施工问题可以直接看到，而精装修房则可能会将这些问题掩盖起来
毛坯房	1. 可以最大限度满足自己。可以按个人喜好进行装修，满足个人需求，避免二次装修 2. 与精装修房相比总价相对较低。可以根据自身的实际经济情况来确定装修标准 3. 费用支出明确。整个装修过程都是亲力亲为，所以每笔开支都比较清晰明了	1. 给自己和邻居带来装修困扰。因为小区住户较多，每家装修的时间不一致，在给邻居带来装修困扰的同时，也会受到邻居装修的影响 2. 费力、费时、费神。有大部分时间是花费在各个建材市场或在装修房屋内 3. 装修市场不规范。很多业主都是外行，对建材市场并不了解，可能会被坑

从表 3-2 可以看出，对于有经济实力但没装修时间、着急入住以

及买房用来出租的买房者，可以选择购买精装修房；而有时间且对居住环境要求较高、收入一般的工薪阶层以及已拥有首套房且二套房准备自己装修的买房者，可以选择购买毛坯房。

全装修房是不是指精装修房

在选择或购买房屋时，许多买房者由于对房地产的相关概念不清楚，总会将"全装房"当作"精装修房"。其实，它们完全是两个概念。根据有关规定，全装修房是指房屋交钥匙前，所有功能空间的固定面全部铺装或粉刷完成，厨房和卫生间的基本设备全部安装完成的集合式住宅。此外，有关规定还明确全装修房出了问题，首先要找的是开发商，无论房屋自身还是在装修的过程中存在质量问题，开发商都必须承担责任。

其实，可以简单理解全装修房是指装修的范围，而精装修房是指装修的档次和规格。区别就在全与精之间，全不一定精，但精包括全，即全装修相当于最低标准的精装修。

随着精装修房数量的增加，购买精装修房的人也越来越多，但由于不能全程监控装修过程，且不时爆出精装修房存在质量问题，不少业主对装修工程质量感到心里没底。同时，对于许多初次购买房屋的人来说，完全无法区分房子是全装修还是精装修。此时，就需要在购买和验收精装修房上多下功夫。

◆ 空气检测：环保已经成为买房者在居室装修中最重视的环节之一，而空气污染正是装修污染中最突出的问题，是造成多种身心疾病的主要原因。由于精装修房使用的材料由开发商购买，买房者对材料的质量无法把控，因此买房者首先需要确认空气质量达标。

◆ **隐蔽工程**：隐蔽工程包括水路改造、电路改造、吊顶结构和卫生间防水工程这些项目。买房者对隐蔽工程使用的材料、水路的布管与电路的走向，以及插座的位置等都不了解，因为交房之后这些都埋进了墙体里。鉴于隐蔽工程对专业的要求比较高，买房者若是不太了解，可以请专业人士陪同看房。

◆ **水路**：普通的楼盘水路通常是三种，分别是自来水、热水和中水。中水是非饮用水，是收集利用的雨水，一般用来冲马桶或浇花。买房者需要知道热水和中水是否具备或接对管道，检查水表的位置，应该在厨房或卫生间的出水口。另外，水管的材料与生活直接相关，要确定是国家指定的合格材料。

◆ **电路**：电路是指插座的位置和匹配，电线的型号和最大耗电设备的容量。买房者需要向物业公司或开发商索要基本的水、电等隐蔽工程布局的竣工图纸，以后如果出现短路、断水的情况，可以根据图纸的标注由专业人员进行维修。另外，还要注意观察配电箱的漏电保护开关是否有照明，测试开关是否有效等。

◆ **吊顶**：通常吊顶的结构在竣工图纸上不显示，但精装修房的侧面、灯位或中央空调的通风口能看到结构。其实，一般的买房者都可以从吊顶的观察口用肉眼判断，按照相关规定，隐蔽工程吊顶必须使用轻钢龙骨。

◆ **防水**：在卫生间倒清水试验一下，查验下水是否通畅。如保证最低点的地漏不能有积水，各下水处应该流水通畅。

◆ **墙漆**：墙面应该使用耐水腻子，墙漆的涂刷应该均匀，漆膜一致。

◆ **墙地砖**：颜色一致，大致目测一下就能看出来。一般来说，如果有很明显的问题，开发商在验收的时候就不会通过。用小锤敲击地砖和墙砖，若有空洞的声音，说明瓷砖没铺好，时间久了可能会出现瓷砖开裂或脱落的情形。

◆ **门窗**：用手推拉开门，检查居室门开关是否顺畅，门锁合页是否灵活有效；室外门窗尤其是封闭阳台的门窗密封是否合格，开启是否灵活。

◆ **厨卫**：试验水龙头的开关是否灵活有效，包括冲水马桶、淋浴房以及面盆。另外，需要检查下水是否通畅，可以在现场往洗菜池、面盆以及浴缸放满水，然后排出去，检查一下排水速度。检查马桶的下水时，要反复多次地进行排水试验，看看排水效果是否通畅。

精装修房的价格和风格怎么看

由于精装修房可以直接入住，对于怕麻烦的买房者来说确实是一个不错的选择，但精装修房的价格也会相对贵一些，其装修风格也很统一，下面就来看看精装修房的价格与风格。

（1）精装修房的价格

精装修房根据装修的程度、装修的档次高低，价格都不同。例如，房价是 100 万元，那么装修费用一般在 10 万元左右，装修档次高点的可能在 20 万~30 万元。当然，装修的花费是没上限的，也许还有更贵的。但开发商到底用的什么材料，买房者就不得而知了。

（2）精装修房的风格

同时，精装修房还要看装修风格，并且要看看到底"精"到何种程度。其中，精装修房主要有以下几种风格。

① 欧式风格。该风格主要是指西洋古典风格，强调以华丽的装饰、浓烈的色彩以及精美的造型，实现雍容华贵的装饰效果。例如，客厅顶部喜用大型灯池，用华丽的枝形吊灯营造气氛；门窗大多做成圆弧形，并用带有花纹的石膏线勾边等。

② 现代风格。该风格的设计起始于 19 世纪下半叶，经过一百多年的发展，现已成为现代家庭装饰的主流。现代风格是一种简朴淡雅式的风格，以简洁明快为主要特色。重视室内空间的使用效能，强调室内布置应按功能区分的原则进行，家具布置与空间密切配合，主张废弃多余的、烦琐的附加装饰，使室内景观显得简洁、明快。

③ 乡土和自然风格。该风格在家居装修中主要表现为尊重民间的传统习惯、风土人情，保持民间特色，注意运用地方建筑材料或利用当地的传说故事等作为装饰的主题。例如，采用较暗的灯光，墙上挂着渔叉、渔网和船桨，天棚用的是一艘底朝天的小木船，营造渔村的生活环境。

④ 日式风格。该风格由格子推拉门扇和榻榻米组成，自然性是其一个重要的特点。常以自然界的材料作为装饰材料，如采用木、竹、树皮、草、泥土以及石材等，既讲究材质的选用和结构的合理性，又充分展示其天然的材质之美，体现人与自然的和谐。

⑤ 后现代风格。该风格的设计者主张兼容并蓄，凡能满足当今买房者生活所需的都加以采用。其室内设计的空间组合十分复杂，突破完整的立方体、长方体的组合，且多呈界限不清的状态。

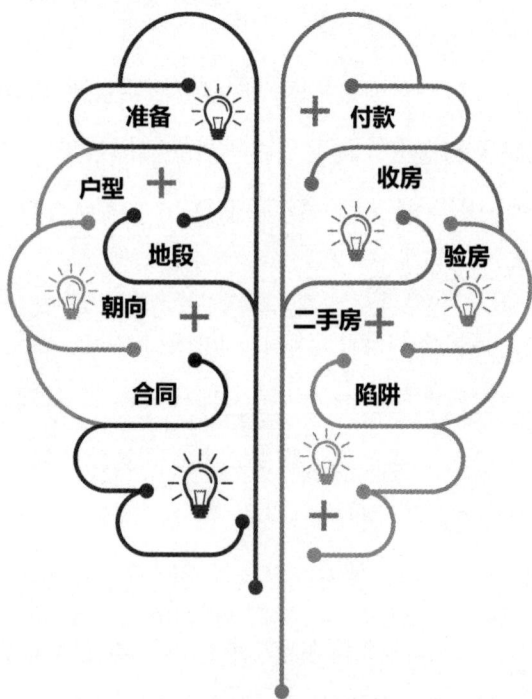

准备

户型

地段

朝向

合同

付款

收房

验房

二手房

陷阱

第4章
选房细节多，仔细观察不上当

面对繁杂多变的房地产市场以及眼花缭乱的楼盘宣传广告，如何选到称心如意的住房一直是买房者的头等大事。本章主要对楼盘样板间、房屋外部影响因素等问题进行介绍，希望能为买房者提供一些实用的选房参考。

房屋样板间怎么看

样板间一般是开发商设计出来供买房者加以比较参考的示范品，使买房者有第一眼的直观感受。但是，有过买房经验的人都知道，最终开发商交到自己手中的房子，往往与样板间有天壤之别，开发商往往会耗费一定资金来打造样板间，使这些样板间成为他们进行营销的"秘密武器"。其实，样板间也不是完全没有参考价值，这主要取决于买房者会不会看。

开发商建造样板间的目的

样板间是房地产市场发展的一个产物，也是住宅文化的一种表现，作为楼盘销售过程中的一个重要因素，样板间已越来越受到房地产开发商的重视和广大购房客户的青睐。其中，样板间主要有两种：一是开发商装修的，主要为售楼所用；二是装饰公司为了在楼盘开展业务以优惠价装修，为公司宣传促销所用。前者以展示房间格局为主，后者以展示设计和施工为主。

买房者在看房时，开发商会提供一个开发楼盘的模型房，以帮助买房者挑选楼栋、楼层等。另外，还会准备多个户型的样板间，以帮助买房者了解房屋的结构，样板间是商品房的一个包装，也是买房者装修的参照实例。

样板间除了能把买房者日后的家居生活勾画得活灵活现之外，还能把新房的房间空旷感缩小，使买房者更真切地感受以后的生活空间。不过，买房者需要注意，由于样板间是专门搭建出来的，所以其尺寸和结构比例可能没有按照图纸上来确定。

从房地产的发展情况来看，开发商在早期的项目开发上没有样板间这个概念。在房地产发展到一定阶段时，房地产开发才开始向规划型转变，样板间也就开始出现。不过，此时的样板间只是对毛坯房进行简单装修处理，基本上还没有融入装修设计的概念。简单来说，这种样板间仅仅是一般的装修房。随着房地产市场日趋成熟，样板间的设计和装修才算是真正意义上的文化思维理念。

开发商设置样板间的主要目的是用于展示促销，常常为了保证样板间的整体视觉效果，不惜花费大量装饰成本，其装修费用可以达到房屋自身价值的 20% ~50%，尽量使用最好的装修材料，设备也极其高档，基本上是由厂家为样板间定做，再加上灯光效果的合理运用。如果买房者的装修预算没有这么高，是很难达到这种效果的。当然，开发商为了取得更好的装修效果，吸引买房者的注意力，样板间的门窗和配套也应力求完美，品牌档次也较高。

其实，样板间不仅仅是只用作简单展示，而是一个开发商与楼盘风格的重现。让买房者可以通过样板间感受到一种良好的居家氛围，一种使人倍感舒适的生活方式。

房屋样板间的参观方法

几乎大部分的买房者在签订买房合约之前，都会看看样板间，还有人甚至将样板间当作买房装修的标准。如果买房者不关注参观样板间的注意事项，那在买房、交房后的房屋和样板间差异巨大可能会使买房者内心产生失落感。那么，买房者应该如何参观样板间呢？

◆ **参观与自己要求相似的房屋样板间**：如果买房者要求的是15万元的现代风格装修，那就没必要去参观30万元的美式古典装修。因为开发商提供的样板间往往装修得非常高档，会让买房者无形之中进入其中的氛围，进而忘记自己的装修需求。

◆ **看房屋样板间的功能设计**：参观样板间之前大致梳理一下自己的买房需求，结合样板间的设计看看是否符合自己的要求。还可以查看一下卫生间的空间是否合理，排风是否通畅等。

◆ **查看装修细节**：专业人士对样板间的大体情况基本上是简单浏览，对细节的地方却看得非常仔细，细节的地方都做得好，不用担心大的地方做不好，如门和铰链上是否有油漆、柜子的门和抽屉是否有毛刺以及层板和立板是否接合得密实等。

买房不是购买样板间，用"火眼金睛"看出"猫腻"

买房者在看样板间时，多数关注房屋大小、朝向和各个功能区的配置，却很少从细节上去研究样板间。正因为如此，许多开发商不惜成本在样板间上大做文章。虽然样板间看起来华丽又迷人，但却"暗藏玄机"。那么，美轮美奂的样板间究竟藏着什么"猫腻"呢？

（1）高价材料给样板间增色

样板间通常使用的是进口材料，这些材料在质地、环保以及设计等方面上都比较好。同时，聘请专业的设计师设计房屋，设计师会按照统一的风格，使家居的造型、尺寸以及颜色等与整体色彩风格协调，让样板间看起来更加舒适。但是，专业设计师的设计费用十分昂贵。据悉，一套100平方米左右的样板间，只是设计费用就要30万元左右，一般的买房者完全根本无法承受。

（2）样板间空间被放大

参观过样板间的买房者都知道，样板间的空间比实际房屋的面积大，这主要是因为室内的非承重墙被打通。样板间将墙体打掉换成一面玻璃，这无形中增加了室内空间的宽阔度，使室内的整体效果得到强化。在这种情况下，不仅视觉更为开阔，同时也更美观。另外，某些开发商还会增加样板间的高度，使样板间看上去更加宽敞。

（3）家具缩水或不放家电

样板间里面摆放的家具大多数是根据房间的尺寸定做的，其实际尺寸偏小，所以买房者自己购买家具时会有房间变得狭小了的感觉。此外，样板间一般不配家电，有也只是把平板电视、空调等摆上，大件的电器（如洗衣机、冰箱及热水器等）基本没有，这样看上去就会宽敞一些。许多买房者在住进新房后，不可能拿出建筑图纸丈量面积，以验证样板间与所买房子的面积是否相同。

（4）没有妨碍空间的物品

通常样板间都设计得非常简洁，基本上看不到管线、管道等妨碍室内空间的物品。另外，水、电和气等是居家的必备品，但是在样板间中几乎看不到，因为这些都是占用空间、视觉的东西。不过，这些物品都是真实存在的，只是被很好地隐藏起来了。

（5）镜子多却没门

细心的买房者不难看出，样板间中的镜子随处可见，因为镜子透明、反光，可以增加视觉深度和空间感，所以成为房屋设计中备受青睐的物品之一。因此，买房者在参观样板间时，可以设想一下如果不用镜子，整体效果会如何。同时，为了增加空间效果，设计者还会取消样板间的门，这就会在无形中为样板间加了分。

（6）样板间采光不自然

买房者只要走进样板间，就会发现很多视觉效果是通过灯光营造出来的，壁灯、吊灯等强弱灯光的转换，让整个室内都变得有美感，同时也很自然。正因为如此，外面照射进来的自然光就容易被买房者忽视，但买房者要知道平时的生活基本上是通过自然光来照明的，自然采光才最重要。

买房，千万不能忽略的"外部因素"

买房者在买房的时候通常会关注很多因素，如户型、朝向以及价格等。毕竟买房是件大事，考虑全面也是应该的，不过还有一些外部因素是很多买房者容易忽略的，但往往也是很重要的，因此必须引起重视。

楼间距大小会对生活带来哪些影响

楼间距就是楼栋与楼栋之间的距离。楼间距是很多买房者经常会忽略的因素，但它却极大地影响着买房者的居住质量。

一般来说，普通小区居民住房的楼高与楼间距的比例是 1 ： 1.2，以一栋 32 层的楼房来说，每层层高为 2.9 米（标准层高），32 层楼房的总高度为 92.8 米。按照比例，一栋 32 层高楼的楼间距应该是 111.36 米，其他层高的楼栋可以此类推。

许多楼盘，特别是一些高层、超高层项目在做宣传时，常常拿出

60 米、90 米的楼间距来吸引买房者，部分买房者往往被这些数字所吸引，而忽略了楼房的总高度。因此，买房者不仅要知道楼间距，更应该知道楼栋的总高度，再按照比例来计算，楼间距是宽是窄便一目了然。楼间距过小会给生活带来很多不便，那么楼间距究竟多宽才算合理？它对我们的生活又会产生哪些影响呢？

◆ **采光问题**：楼间距会影响房屋的采光，如果楼间距过小，会使得房屋的日照时间过短，出现采光不足的现象。这样会导致光线比较暗，在白天也要开灯，还会使房间内温度变得很低且比较潮湿，这几乎和住在底层的困扰相似。

◆ **通风问题**：良好的居住环境，不仅仅要保证光照，还要保证具有良好的通风性能。如果楼间距过近，前楼往往会对后楼的正常通风造成遮挡，使后楼住房的通风受到影响。

◆ **噪声问题**：噪声的大小不仅仅取决于房屋的隔音效果，还受楼间距的影响。如果两栋建筑之间的楼间距过小，会使两楼之间的声音更加清晰地传进屋内，更甚者会使对面居住者的生活噪声也传到自己居住的房屋中，如电视声、孩子的哭闹声等，而这些问题并不是关上窗户就能解决的。

◆ **隐私问题**：隐私问题和噪声问题差不多，主要是受对面邻居的影响。如果自己的一举一动都会被对面邻居观察到，那肯定会很不舒服。

◆ **安全问题**：安全问题主要是指发生意外时的施救条件，如果说楼间距过小，或者是路边的私家车停放得过多，小区发生火灾时就可能导致消防车进不来，所以楼间距过小会存在较大的安全隐患。

国家有关方面对楼间距的标准提出了要求，以较低层的住户其窗台以上部分为基准，由每年冬至这天该住户能有效享受阳光的时间确定标准，按纬度高低分北方为一小时、南方为三小时和中间地带为两小时，买房者可以结合自己所在的城市进行计算。

电梯房公摊面积比例多少最合理

在城市小区生活中，往往会涉及很多公摊面积。购买电梯房也一样，现在很多买房者都喜欢购买电梯房，确定电梯房公摊面积是一个很专业的问题，只有经过专业的测量才能发现面积误差。合理公摊率是买房需要考虑的因素，公摊率过高会花很多冤枉钱，公摊率过低会损害居住品质。下面就来了解一下关于电梯房公摊面积的相关知识，看看电梯房公摊面积比例所占多少才算合理。

（1）电梯房公摊面积的基础认识

◆ 电梯房公摊面积有哪些

电梯房公摊面积范围主要包括房屋的电梯井、管道井、楼梯间、垃圾通道、配电室、设备间、公共门厅、过道、地下室、值班警卫室，以及为整幢建筑服务的共有房屋和管理房屋。除此之外，还有套（单元）与公共建筑空间之间的分隔墙，以及外墙（包括山墙）墙体水平投影面积的一半。

◆ 电梯房非公摊面积有哪些

电梯房的非公摊面积主要分为三个部分，其具体介绍如下。

①属于建筑人防工程的地下空或半地下室都属于非公摊面积。

② 一般在生活中使用到的出租或出售的车位以及专用的车库不属于公摊面积。

③ 整幢楼外用作公共休息的设施及架空层也不属于公摊面积。

◆ 掌握公摊的分摊原则

① 电梯房公用面积在分摊的时候必须以幢为单位进行分摊。

② 该幢楼公用面积分摊只能是为该整幢商品房服务的公用建筑面积，超出范围的局部公用面积，由受益的各套商品房分摊。

③ 得到公用面积分摊后，不得划分得到面积的具体部分，也不能够侵占或者是改变原有的设计。

由此可见，买房者在买房时，一定要弄清楚哪些地方属于公摊面积，哪些地方属于非公摊面积，只有这样才能够充分地使用自己的权益以及尽到相应的责任。

（2）电梯房公摊面积的计算方法

电梯房公摊面积比例主要看所在的城市及其建筑的设计，一般的电梯房公摊面积占产证面积的 25% 以下，具体标准如表 4-1 所示。

表 4-1　电梯房公摊面积比例

住宅类型	公摊面积比例	公摊系数
高层塔楼住宅	75%~78%	5%~22%
高层板楼住宅	78%~85%	15%~22%
小高层板楼住宅	85%~88%	12%~15%
多层住宅	88%~95%	5%~12%

其中，电梯房公摊面积的计算思路主要是按照各户套内面积的比

例进行的，其计算公式如下。

分摊系数 = 需要分摊的公用面积之和 / 各户套内建筑面积之和 =

（总建筑面积之和 - 各户套内建筑面积之和）/ 各户套内建筑面积之和

各户套房的公用分摊面积 = 分摊系数 × 各户套内建筑面积之和

买房送车位，这个"馅饼"能不能捡

由于人们对车位的需求不断升温，开发商纷纷推出了"买房送车位"的卖房活动，以吸引更多的买房者。而买房送车位实属营销策略，对于买房者来说意义并不是很大。其更多的只是一种噱头，如一套价值100万元的房屋，标价150万元并送车位，本质上车位还是自己花钱买回来的。可是想要摆脱见缝插针的"游击队"式停车，避免找不到合适位置停车导致被交警贴罚单，车位还是值得买的。

不过，在捡"买房送车位"这个"馅饼"时还是需要注意两个问题：一是赠送的车位一般都无法提供产权证明，二是赠送的车位要收费。《物权法》第74条规定：建筑区划内，规划用于停放汽车的车位、车库应当首先满足业主的需要。建筑区划内，规划用于停放汽车的车位、车库的归属，由当事人通过出售、附赠或者出租等方式约定。占用业主共有的道路或者其他场地用于停放汽车的车位，属于业主共有。

案例陈述

2015年12月，陈先生购买了某楼盘的一套房屋，选中该房屋的一个重要原因是该楼盘开发商推出了"买房送车位"的活动。

2016 年 3 月，陈先生所购买的房屋开始交房。陈先生缴纳了相关费用后，在验房时却发现开发商赠送的停车位位于房屋所在小区附近的公共道路上。同时，陈先生要使用该停车位，每月还需要缴纳 260 元的停车费用。为此，陈先生提出了疑问，既然是买房送车位，为什么还要单独缴纳停车费用？停车费用又是哪个部门征收？

根据《物权法》的相关规定，如果开发商承诺赠送的车位是占用业主共有的道路或者其他共有场地用于停放汽车的车位，应当属于全体业主共有，开发商无权处置。由开发商或物业管理公司在小区的道路两旁自行画线分割出若干停车位，其产权归属取决于停车位所在的道路性质。

因此，停车位可能会出现两种情况。第一种情况，如果陈先生的停车位所在道路是市政道路，其产权当然属于国家所有，由政府代表国家行使，开发商在取得政府授权与批准的前提下设立，可赠送或出租；第二种情况，如果该条道路是小区的公共道路，则其土地使用权归全体业主按比例共同享有，该类型的停车位应当属于全体业主共有。

从上面的例子可以看出，如果陈先生的情况是第一种，那么就属于租用车位，并无赠送之实；如果陈先生的情况是第二种，那么车位原本就属于全体业主共有，根本就没有必要再缴纳费用。

房子的隔音效果如何

房子隔音效果的好坏，直接影响到居住的舒适程度。假如隔音效果不佳，在室内说话则室外就能听清，这就毫无隐私可言，反之，在室内也能听清室外的噪声，就会让居家的氛围减弱。那么，怎样分辨房子隔音效果的好坏呢？可以使用下列几种方法来检测。

◆ 关注墙体厚度和用砖情况

墙体越厚，隔音效果越好。如果墙体厚度不够，楼上拖凳子、穿鞋走路，隔壁小孩子的打闹、炒菜的排气声响等，都可以听得一清二楚。目前，住宅的墙体厚度用砖长作为确定依据，其标准有以下几种。

（1）半砖墙。图纸标注为 120 毫米，实际厚度为 115 毫米。

（2）一砖墙。图纸标注为 240 毫米，实际厚度为 240 毫米。

（3）一砖半墙：图纸标注为 370 毫米，实际厚度为 365 毫米。

（4）二砖墙：图纸标注为 490 毫米，实际厚度为 490 毫米。

（5）3/4 砖墙：图纸标注为 180 毫米，实际厚度为 180 毫米。

◆ 留意小区绿化

可以说，小区绿化带是天然降噪屏障，所以买房者在选房时，要仔细查看小区附近是否存在大片的绿化带，同时绿化带在各楼栋之间的分布是否合理。

◆ 墙体结构仔细问

钢筋混凝土板墙用作承重墙时，厚度为 160 毫米或 180 毫米；用作隔断墙时，厚度为 50 毫米。加气混凝土墙体用于外围护墙时，常用厚度为 200 ~ 250 毫米；用于隔断墙时，常取厚度为 100 ~ 150 毫米。

准备

户型

地段

朝向

合同

付款

收房

验房

二手房

陷阱

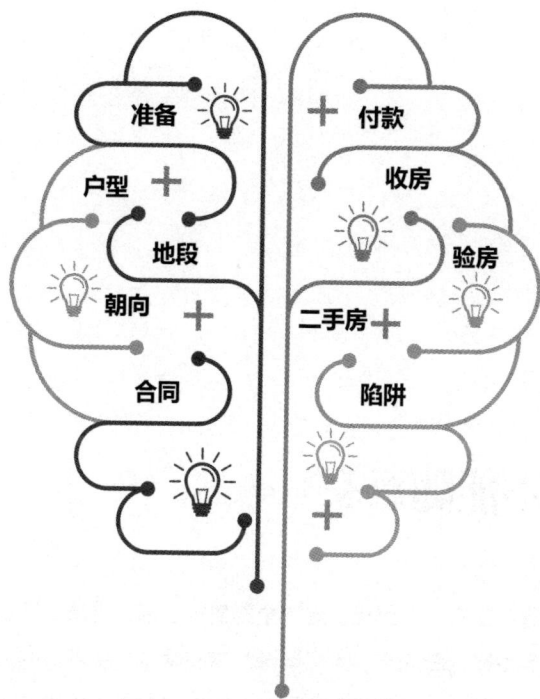

第5章
合同签订需仔细，错了反悔来不及

　　确定好要购买的房屋后，就需要签订房屋认购合同与购房合同。在目前商品房交易过程中，合同的签订并不仅仅是在合同上签上买房者的名字和按上手印那么简单，更需要注意合同中的条款与细节，当心掉进合同陷阱。

定金不能随意交

买房者在没有了解目标房屋的全面情况之前，就急着交定金是非常不明智的。因为按照合同约定，大多数情况下交纳定金是不退的。所以，除非买房者对目标房屋的情况非常了解，否则就要三思后才考虑是否要交纳定金。毕竟在大多数地区，当前的房地产市场是买方市场，好房子有很多，没有必要那么急于成交。

买房"四金"，别再傻傻分不清

在房产买卖交易过程中，很多买房者都会被合同中的"金"搞混。目前，买房涉及的4种"金"分别是定金、订金、认筹金和诚意金。这"四金"到底有什么区别？很多买房者都傻傻分不清楚，下面就来看看"四金"到底差在哪里。

（1）定金

定金又称保证金，在合同订立或者履行合同之前支付一定数额的金钱作为担保的担保方式，其法律解析如下。

- ◆ 具有法律效应，具有担保债的履行作用。
- ◆ 当事人约定一方向对方给付定金作为债权的担保。
- ◆ 按照法律规定，定金数额不超过主合同标的额的 20%。
- ◆ 债务人履行债务后，定金应当抵作价款或者收回。

（2）订金

订金是在买房者与开发商就房屋买卖的意向初步达成协议后，准备进一步协商而签订的临时认购协议，内容是在约定所选房号、面积、房屋单价及总价款后，约定一个期限，买方需在此期限内与卖方签署正式合同。而买方支付订金即取得在此期限内的优先购买权，其法律解析如下。

- ◆ 视作预付款，无法律效应，不具有担保债的履行作用，可以退还。
- ◆ 订金的数额依当事人之间自由约定，法律无约定。
- ◆ 收受订金方违约不用双倍返还，支付订金方风险较大。
- ◆ 预付款在合同正常履行的情况下，成为价款的一部分。在合同未能履行的情况下，不管哪方违约，订金原数返回。

（3）认筹金

买房者表现出买房的诚意，需要通过缴纳"认筹金"来体现。缴纳认筹金后，买房者便获得了房屋的优先购买权，并在房价上享受一定的优惠。等到楼盘正式开盘时，"认筹"的买房者能以"优先选择"的顺序选房，其法律解析如下。

◆ 没有法律效应，不具有担保债的履行作用。

◆ 在合同正常履行的情况下，认筹金成为价款的一部分。

◆ 买房者没选中理想的房屋，开发商需如数返回认筹金。

◆ 认筹金的数额依当事人之间自由约定，法律无约定。

◆ 开发商在开盘前可以收回大笔资金，买房者有一定风险。

（4）诚意金

诚意金又称意向金。在中介与买房者和卖房者双方签订的合同中多有体现，购房者缴纳小额金额，属于当事人自发行为，此"金"缴纳后可直接抵作房款使用。诚意金应该交付的金额由当事人自由约定，其法律解析如下。

◆ 法律上没有诚意金之说，属于当事人自发行为。

◆ 达成购房意向，诚意金可抵作房款。

◆ 达不成购房意向，需无条件退款。

◆ 诚意金的数额依当事人之间自由约定，法律无约定。

◆ 买房者和中介最好就诚意金退还事宜达成书面协议。

买房者在缴纳诚意金时，需要特别注意书面协议的表述及收据公章是否完好，并对于无预售证楼盘提前收取诚意金给予警惕。如果楼盘存在一直无法取得预售证或者烂尾的风险，房企资金链断裂，可能会遇到诚意金无法退回的情况。

已经缴纳的买房定金可以要求退款吗

买房定金能退吗？许多买房者在买房之前都会预先交纳定金，但一段时间后又觉得该房子不适合自己，就不打算购买了，却不知道交的定金应该如何处理，是否可以退还给自己，下面就来看一个例子。

案例陈述

2016 年 7 月，李先生经过精挑细选选购了一套商品房，然后在开发商的售楼处签订了认购书，并缴纳了 3 万元的定金。

认购书约定了签订正式商品房买卖的时间、房款的数额及何时交付。同时还约定了一些其他事项，但李先生如果未能在规定期限内前来签订商品房买卖合同或未按时缴付应付房款，则视作其自动放弃其所认购物业之权利，开发商有权没收认购人定金，并有权将该商品房另行出售，认购人不得要求任何形式的赔偿。

后来李先生在约定时间内到达楼盘售楼处准备签订购房合同时，却发现合同中对于交房时间、违约责任及物业管理等问题的约定并不合理，因此房屋买卖双方没有达成一致，最终也就没有签订合同。不过，李先生向开发商提出退还自己交纳的 3 万元定金，但开发商以李先生未签订合同为由拒绝退还定金，最终李先生只能将该开发商告上法庭，希望可以要回自己的 3 万元定金。

通过法院审理后给出的结论，李先生与开发商签订的房屋认购书，并没有违反法律强制性规定，是买卖双方自愿签订，故该认购书合法有效，对双方均具法律约束力。不过，由于认购书没有对买卖房屋的交楼标准、交楼时间以及违约责任等主要条款进行约定，李先生与开发商在签订正式商品房买卖合同前，有权利对合同的相关条款进行协商，如果双方无法达成一致意见导致商品房买卖合同未能订立的，则属不可归责于买房人事由，开发商需要将定金返还给李先生。

从上面的例子可以看出，已经缴纳的买房定金可以要求退款，但必须满足一定的条件，下面就来看看哪些情况下可以返还定金。

（1）如果开发商在认购意向书规定期限内将买房者已认购房屋转

售其他第三人而导致未能正式签约的，应双倍返还买房者定金（下节将详解定金罚则的双倍返还）。

（2）如果认购意向书关于价格、面积和户型等主要条款未做约定或者约定不清，而双方如果对此内容无法达成一致造成正式合同不能签署的，开发商应返还买房者定金。

（3）如果开发商未取得有关商品房销售的合法证件或者由于开发商自身原因造成双方不能签署正式合同或因此造成合同无效的，开发商应返还买房者的定金并承担买房者的损失。

（4）如果双方仅仅因正式合同、有关补充协议的内容无法达成一致，而与认购意向书内容无关，致使签约不成的，则双方不存在违约行为，开发商应将定金全额返还买房者。

定金罚则有条件，如何获得双倍返还

定金罚则，即约定一方向对方给付定金作为债权的担保，债务人履行债务后，定金应当抵作价款或者收回。给付定金的一方不履行约定债务的，无权要求返还定金；收受定金的一方不履行约定债务的，应该双倍返还定金。那么，定金罚则是否适用于房屋买卖呢？答案是肯定的。

首先，买房者需要了解双倍返还定金罚则的目的，其目的旨在对违约行为予以制裁，从而担保合同债的履行。但如果因为第三人的原因造成的合同不能履行，是不适用定金罚则的。因此，也会出现一个问题，让没有过错的一方处于一个不利的位置，而且极易给违约方提供借口。那么，买房者想要利用定金罚则获得双倍返还，需要满足的条件有哪些呢？

◆ 定金合同要合法且成立

如果想要实现定金罚则，则定金合同就需要合法且成立。定金合同是依附于主合同为担保债权实现而设定金钱权利义务关系的从合同，即定金的产生、变更和消灭都是依赖于主合同的产生、变更和消灭，定金合同不能独立存在。此外，定金合同属于实践性合同，即从实际交付定金之日起才会生效。

◆ 违约行为与合同目的落空之间要有联系

违约行为或合同未能实现，不是导致双倍返还定金的必然结果，只有两者同时具备且存在一定的因果关系，双倍返还定金的罚则才可使用。即在存在因为违约行为导致合同不能正常履行的情况下，才能将定金双倍返还给支付方。

◆ 需要存在违约行为

定金罚则的前提是有违约行为的出现，该违约行为是根本违约行为，也就是导致合同无法履行的违约行为，其中包括不能履行、迟延履行以及不完全履行等多种形态。

◆ 合同目的落空为事实

根据违约行为与合同目的落空之间要有联系来看，要想实现定金罚则，则合同的签订必然要落空，这是双倍返还定金的基本条件。因此，买房者想要获得双倍的定金赔偿，就需要存在买房者因为违约行为导致合同无法履行的情况。

签订商品房认购合同的流程和事项

目前，商品房的交易过程中，许多开发商与买房者签订正式商品房买卖合同之前，都会要求买房者签订认购书，并交纳认购款。而部分买房者认为认购书没有法律效力，所以就胡乱签订了。其实，这种做法是错误的，因为认购书也会产生法律效力。因此，买房者需要谨慎对待。

商品房认购书具有何种法律效力

商品房认购书是商品房买卖双方在签订商品房预售合同或商品房现房买卖合同之前所签订的文书，是对双方交易房屋有关事宜的初步确认，买房者不能随意签订。

审判实践中，对商品房认购书性质的认定，归纳起来有两种观点：一种认为认购书就是正式预售合同，因为认购书是买卖双方平等自愿基础上的真实意思表示；另一种认为认购书非独立的合同，因为认购书仅是对签订正式合同相关事宜的约定。

（1）认识商品房认购书

买房者在选好房子，并谈妥好价格后，便可以签订商品房认购书了，当然还需要交付一定额度的定金。开发商此时会把有关的资料和相关文件交给买房者，并详细介绍项目进展情况。下面就来看一个商品房认购书范本，以增加对商品房认购书的了解。

商品房认购书范本

编号：_____

甲方（出售人）：_____

地址：_____ 电话：_____

乙方（认购人）：_____

身份证件号码 / 公司注册号：_____

地址：_____ 电话：_____

丙方（经纪机构）：_____

地址：_____ 电话：_____

乙方经过了解，有意向购买甲方开发建设的 _____

_____ 物

业（以下简称"该物业"）。其建筑面积 _____ 平方米，

套内建筑面积 _____ 平方米，认购价￥_____（大

写：_____）。《商品房预售许可证》号：

_____。经与甲方协商，达成以下协议：

1. 甲乙双方在签订本认购书时，乙方愿意支付￥_____

（大写：_____)给甲方作为认购该物业的定金。

2. 乙方应于本认购书签订后_____日内（即____年____月____日起，至____年____月____日止）到_____签订《商品房买卖合同》。

并带上如下证件和资料：

（1）本认购书；

（2）身份证明原件和复印件；

（3）……

3. 定金退还与不退还的约定。若甲乙双方在约定的时间内签订《商品房买卖合同》，定金抵作购房价款；若甲乙双方在约定签订《商品房买卖合同》的时间内，甲方已将物业另售他人，甲方应双倍返还乙方已付定金；若乙方在约定的时间内不前来协商签订《商品房买卖合同》，定金不予退还，甲方可将该物业另售他人；若甲乙双方在约定的时间内，对《商品房买卖合同》的条文未能协商一致的，甲方应将定金退还乙方，甲方可将该物业另售他人。

4. 甲乙双方若需变更本协议内容，应协商一致，并签订书面补充协议。

5. 乙方若对所购物业了解清楚，且有购买意向，甲方或乙方均可要求与对方直接签订《商品房买卖合同》。

6. 甲方若委托房地产经纪机构销售的，经纪机构应作为丙方在本认购书上签字盖章。

本认购书一式____份，具有同等法律效力。其中甲方持____份，乙方持____份，丙方持____份。

甲方（签章）：

乙方（签章）：

丙方（签章）：

销售代表（签名）：

签订日期：_____ 年 ____ 月 ____ 日

（2）商品房认购书的法律效力

虽说商品房认购书中的内容不多，但由其引起的法律纠纷也不少。《最高人民法院关于审理商品房买卖合同纠纷案件适用法律若干问题的解释》第四条、第五条第一次以规范的形式对认购书进行规定：认购书为预约合同，其效力必须区别于本约，即商品房销售合同的效力。

一般认为，预约合同是谈判当事人一方或双方为将来订立确定性合同达成的书面允诺或协议。预约和本约存在本质上的区别，预约合同只能请求对方诚信谈判，履行订立本约的义务，不得直接就本约内容请求履行。

审判实务中，常有原告根据认购书，诉请法院判令被告履行交房，最后被判决驳回诉讼请求，原因就在于交付商品房是本约即商品房买卖合同的内容而非认购书的内容。

认购书属于学理上的"将行谈判的预约"，即哪怕双方当事人在预约合同中规定了交易的实质性具体条款，但双方当事人不受其约束，他们仅承担继续谈判直至达成最后本约的义务，其有以下两个特点。

◆ 当事人要对违反诚信谈判义务，导致不能达成本约的行为承担责任。

◆ 当事人如果尽到诚信谈判义务，即使不能达成本约，也不承担任何责任。因此，认购书的效力主要体现在 3 个方面：一是鉴于买卖双方对交易标的物所拥有的信息不对称，开发商应当充分披露可能影响买方订立本约的信息；二是不应强加具有不合理条件的实际谈判义务，特别是开发商不得利用自身优势，免除自己的责任或加重买方的责任；三是持续谈判的义务，除非出现重大僵局或终止谈判的事由，双方当事人应恪守诚信义务，继续进行谈判。

买房者不要轻易签订商品房认购书

买房时先签认购书，主要是考虑到买房者在筹备首期款项时需要时间，同时也可以让买房者再充分考虑一下自己的决定，签订认购书相当于给了买房者一个缓冲期。因为购房合同一旦签订，国土部门就会进行备案，想要转卖房子或退房就需要通过国土部门进行操作，此时的退房程序就变得非常复杂。因此，买房者在签订商品房认购书时，还要对其存在的问题及注意事项进行了解。

（1）商品房认购书存在的问题

通常情况下，《认购协议书》都是由开发商事先制定好的。因此，认购书中的部分条款会向开发商倾斜，即对开发商更为有利，这就使得认购书存在缺陷，常见的有以下两种情况。

◆ 内容比较简单

部分开发商制定的《认购协议书》中，仅仅包括房屋地址、面积以及价格等基本信息，而对于违约责任、定金的退还等重要条款却没有明确说明，这就容易导致买房者不能全面了解房屋信息，特别是一些重要事项。

◆ 约定比较模糊

部分开发商制定的《认购协议书》中存在类似这样的约定：在签署本认购书后若干时间内签署正式预（出）售合同，逾期则视为购房者违约，开发商有权没收定金。由于认购书中没有明确约定造成未按时签约的具体因素，所以很可能因为没有正式签订购房合同而造成纠纷，同时导致买房者后期的维权变得困难，如索回定金失败。

（2）签订商品房认购书时需要注意的事项

为了避免买房时产生不必要的损失，买房者在签订认购书时要注意下面的这些事项。

◆ 明确认购书的法律效力

从法律角度看，认购书确定的是房屋是否要买卖的关系，而正式合同确定的是正式房屋买卖关系，二者存在着非常明确的区别。由于相关部门并没有对认购书做出较为严格的规定，所以买房者需要注意以下法律问题。

① 买房者不仅有权利知道关于《认购协议书》及《商品房买卖（预售）合同》中双方的权利和义务，开发商还有义务告知买房者。

② 买房者应该明确向开发商提出，在认购书中应该具备"双方经协商未能就《商品房买卖（预售）合同》或补充协议达成统一意见的，开发商应全额退还定金"的内容，这样可以保证自己能全身而退。

③ 由于认购书由开发商制定，因此对买房者的限制较多，而对开

发商需要承担的责任并没有说明，所以买房者要特别注意其中比较模糊的法律条款。

◆ 核实开发商是否具备商品房销售条件

首先，买房者需要确认开发商已经拿到预售许可证。由于预售合同有示范文本，但认购书条款则比较简单，有些开发商可能在认购书中不会写明预售许可证等资质情况，从而规避有关法律责任。此时，买房者需要注意，如果没有取得预售许可证，房屋认购书将不会受到法律保护。

◆ 明确协议条款

认购书想要具备合同效力，就需要符合《合同法》的要求，内容不仅要清晰、明确，还要具备以下内容。

① 买卖双方基本情况，包含双方名称、地址及联系电话等。

② 房屋基本情况，包含房号、户型、面积、单位价格及总价等。

③ 签订正式合同的期限、付款地点及签约地点等。

④ 定金条款，约定定金在不同情况下发生何种效力。

⑤ 付款方式，包括一次付款、分期付款和按揭付款等。

⑥ 买卖双方权利与义务。一般而言，开发商的义务应该包括保留双方约定的商品房不得再向第三人出售、以认购书约定的主要条件为主要内容订立正式的买卖合同以及在约定的期限内订立买卖合同等。

⑦ 具体的违约条款，即买卖双方如果不能按照认购书中约定的事项履行自己的义务，则需要承担何种责任。

商品房购房合同如何签订

买房过程中，与开发商签合同就是一件非常棘手的事情。由于开发商对《商品房买卖合同》非常了解，也有专业的工作人员对其进行精心的研究，可以说对签订《商品房买卖合同》游刃有余，而买房者对此却非常生疏，很容易就会掉入开发商布下的文字陷阱中。因此，在签订购房合同时，买房者一定要经过严谨的考虑，尽可能地与开发商签订一份公平的购房合同。

签订购房合同一定要较真

签订购房合同是买房的必经程序，"较真"精神绝不能少，因为买房者的权利和义务都体现在这里面了。另外，后期一旦与开发商发生纠纷，购房合同是作为解决问题的重要凭证。所以，在签合同之前，需要仔细查验开发商的资格和"五证"。

如果是现房，根据规定，开发商可以不用再办理销售许可证，而改为办理大产权证的审批手续，去产权登记部门进行房屋所有权的初始登记，办理《房屋产权证》。

在签订购房合同时，买房者必须将所有的问题咨询清楚，并得到肯定的答案。一般情况下，开发商可能会通过宣传册印上一些承诺或售楼人员口头承诺，但是到了交房的时候，可能出现无法兑现承诺的情况，此时就容易引发纠纷。所以，买房者必须将一些细节问题落实到合同中，而签订购房合同在签订认购书之后进行。

谈妥房价与各项条件以后，买房者就需要与开发商签订认购书。认购书签订完成后，开发商需要给买房者发放《签约须知》。完成以上环节，就可以签订正式的购房合同了，主要包括以下内容。

- 开发商土地使用依据及商品房状况，包括位置、面积、现房、期房、内销房和外销房等。
- 房屋价格，包括税费、面积差异的处理、价格与费用调整的特殊约定等。
- 付款约定，包括优惠条件、付款时间、付款额和违约责任等。
- 交付约定，包括期限、逾期违约责任、设计变更的约定、房屋交接与违约方责任等。
- 质量标准，包括装饰、设备的标准、承诺、违约责任和基础设施、公共配套建筑正常运转的承诺和质量争议的处理等。
- 产权登记和物业管理的约定。
- 保修责任。
- 购房人使用权限。
- 双方认定的争议仲裁机构。
- 违约赔偿责任。

◆ 其他相关事项及附件，包括房屋平面图、装饰和设备标准等。

买房者在签订购房合同时，一定要坚持使用国家认定的商品房买卖合同的规范文本。如果使用的是房地产开发商单方拟定的合同文本，买房者就不要轻易签字，以防在合同中出现欺诈行为。

同时，买房者对合同中的各项条款一定要弄清楚，特别是有关房屋面积和买房者付款金额、付款方式等关键条款。在违约条款中，必须写明如果产生质量问题、面积不符问题、交房拖后、配套设施不全以及其他与合同内容不符情形时的索赔办法和赔付金额。

小贴士

如果买房者对签订合同没有信心，则可以委托律师来协助办理，律师可以帮助自己起草补充协议、审查税费明细表、审核契约须知、制定签约后的付款进程表以及审查付款情况等。

签订了无效的购房合同怎么处理

购房合同无效是绝大多数买房者都不愿意遇见的情况。其实，无效合同是相对于有效合同而言，凡不符合法律规定的要件合同，不能产生合同的法律效力，都属于无效合同。在我国的《合同法》中对无效合同进行了详细的说明，无论是购房合同无效的情形还是购房合同无效的解决办法，都值得买房者关注。

（1）购房合同无效的情形有哪些

当买房者与开发商发生买房纠纷时，法院判定购房合同无效的具体情形可以分为以下这 10 种。

① 商品房买卖合同订立后，开发商在未告知买受人的情况下又将该房屋抵押给第三人。

② 商品房买卖合同订立后，开发商又将该房屋出卖给第三人。

③ 开发商故意隐瞒没有取得商品房预售许可证的事实，或者提供虚假商品房预售许可证。

④ 开发商故意隐瞒所售房屋已经抵押的事实。

⑤ 开发商故意隐瞒所售房屋已经出卖给第三人或者为拆迁补偿安置房屋的事实。

⑥ 开发商与第三人恶意串通，另行订立商品房买卖合同并将房屋交付使用，导致购房人无法取得房屋。

⑦ 房屋主体结构质量不合格不能交付使用，或者房屋交付使用后，房屋主体结构质量经核验确属不合格的。

⑧ 因房屋质量问题严重影响正常居住使用。

⑨ 开发商交付使用的房屋套内建筑面积或者建筑面积与商品房买卖合同约定误差比例绝对值超出 3%。

⑩ 开发商迟延交付房屋，而且经催告后在 3 个月的合理期限内仍未履行。

（2）购房合同无效怎么办

一般情况下，都是由开发商的原因导致合同无效，买房者可以要求开发商承担违约责任。但这并不是绝对的，买房者也可能在某些特殊情况下导致购房合同无效。因此，一般根据合同双方当事人的过错大小对合同无效情况进行处理，其主要有两种处理方式，分别是返还财产和赔偿损失。

◆ **返还财产**：是指将当事人的财产关系恢复到合同签订以前的状态。如果买房者取得的房屋还存在，则应返还给开发商，而开发商则把所取得的购房款全部退还给买房者。

◆ **赔偿损失**：是指过错方给对方造成损失时应当承担的责任。如果买房者对房屋造成了损坏，应修补或赔偿；同样开发商占用买房者的资金造成买房者损失资金利息，应赔偿买房者的利息损失。此外，买房者为购房而支付的各种合理开支也可以计为买房者的损失。

小贴士

　　无效合同分为部分无效和全部无效两种，合同部分无效并不代表整个合同无效，因为合同中其他条件具备的条款仍然具有法律效力，对合同双方当事人仍具有约束力。其鉴别方式分为两种，分别是从购房合同的条款来鉴别和从购房合同的标的来鉴别。

能不能"偷懒"，不对购房合同进行备案

实行购房合同备案制度，主要是对开发商进行有效的制约。因为这不仅能促使开发商加快建房，按章办理产权证，还可以帮助买房者更好地规避一房二主的安全隐患。

（1）购房合同备案流程

根据相关部门的规定，购房合同的备案应该在合同签订后 30 日之内办理，其具体流程如下。

◆ 第一步：开始备案

买房者签订商品房购房合同后，开发商会将购房合同集中递交到房管局进行备案，此过程一般需要 30 天时间。

如果买房者为按揭买房，待合同在房管局备案完成后，还需再将买房者的所有贷款资料递交给按揭银行进行审核，进而办理抵押贷款手续，此过程的办理时间一般也需要 30 天左右。

◆ 第二步：查询备案情况

以上手续全部完成后，签约中心会通知客户领取购房合同。经过一个月之后，购房合同已经备案成功，但是买房者还不能拿到购房合同，可以让开发商告知备案登记号，之后买房者自己可以直接在网上查询到相关的备案情况。

此时，买房者可以登录当地房产管理局官方网站的商品房买卖合同备案登记查询频道，输入身份证号以及合同备案登记号，并选择正确的备案时间即可，如南宁市住房保障和房产管理局的官方网站为（http://www.nnfcj.gov.cn/）。

如果已经网签了但还不能确定是否备案，买房者就只能直接找开发商了解情况。若时间过长，则说明开发商的手续和资料有问题，买房者需要积极了解事情的进展情况，及时采取维权措施。

（2）购房合同备案号查询失败的原因

许多买房者在网上查询购房合同登记备案号时，常常会查询不到，由此就特别担心被开发商欺骗。购房合同登记备案后会在合同上盖一个登记备案章，上面的号码即为合同登记备案号。如果买房者在网上查询不到自己的购房合同登记备案号，则可能是以下两个原因。

第一种，可能是网上的信息更新不及时，此时买房者只需要延后几天再查询即可；第二种，可能是买房者将合同编号当作合同登记备案号，不小心输错了号码。因为商品房购房合同第一页的合同编号并不是合同登记备案号，买房者上网查询时应该输入合同登记备案章上显示的号码，否则就可能会出现查询失败的情况。

（3）申请购房合同备案注销需提交的材料

买卖双方一旦因故解除购房合同，则需要办理商品房购房合同网上登记备案注销手续，此时需要提交以下证明材料。

◆ 由质量管理部门出具的质量鉴定报告。

◆ 具体纠纷缘由和司法、仲裁机关出具的有关证明。

◆ 另换购的新购房合同文本。

◆ 商业银行出具的不能受理贷款的证明。

◆ 开发建设单位收取购房人违约金的证明。

◆ 护照及有关部门确认证明、工作调动证明、医院重症诊断书等。

◆ 本人身份证（含户口簿）、注销合同申请书、开发企业予以确认的签章证明以及全部购房合同原件。

◆ 房屋交付公告或公布的相关证明。

◆ 如果有抵押行为的，需提供金融机构同意解除和转让抵押的有关证明。

◆ 超时退房的，需提供税务部门的缴税凭证。

在上面的 10 条材料信息中，1~6 条根据实际情况进行提交，而

7~10 条则必须提交。

购房合同是否可以更名，该如何操作

购房合同更名分为预售登记前和预售登记后两种情况，登记前变更买受人，直接与开发商协商进行购房合同更名即可。登记后直系亲属可以在房产合同上更名，非直系亲属需按预售转让程序办理购房合同更名，撤销合同备案后才能重新签订购房合同。

（1）购房合同更名的原因

在实际买房过程中，需要办理购房合同更名手续的原因主要有 3 种，具体介绍如下。

◆ 买房人贷款额度不足，增加买受人以补足贷款额度；事后再去掉其中一个买受人。

◆ 买房人因为个人原因，需将房产转给他人，直接更改购房人。

◆ 出于共同还款、共同拥有产权的目的，在完成购房合同后，需增加买受人。

（2）购房合同可以更名吗

一般情况下，购房合同是否可以更名需要满足一定的条件，具体有以下 3 种情况。

① 商品房买卖合同未拿到交易中心登记，即购房合同还未备案，则可以进行更名。

② 商品房买卖合同已经拿到交易中心登记，但是该商品房未竣工

验收，此时可以进行更名。

③ 商品房买卖合同已经拿到交易中心登记，而且该商品房已经竣工验收，则不能再对合同进行更名。

根据国家七部委颁布的《关于做好稳定住房价格工作的意见》中明确规定："禁止商品房预购人将购买的未竣工的预售商品房再行转让。在预售商品房竣工交付、预购人取得房屋所有权证之前，房地产主管部门不得为其办理转让等手续；房屋所有权申请人与登记备案的预售合同载明的预购人不一致的，房屋权属登记机关不得为其办理房屋权属登记手续。"因此，合同备案后不能通过更名来进行交易。

同时，购房合同是根据《中华人民共和国合同法》《中华人民共和国城市房地产管理法》及其他有关法律与法规进行的规定，买受人和房地产开发企业，在平等、自愿、协商一致的基础上就买卖商品房达成的协议。因此，购房合同是有效的法律文书，合同能否更名要依据相关的法律法规。

（3）购房合同如何办理更名

通过上面的讲述可以知道，购房合同是可以办理更名的，其主要有两种情形。

◆ **未完成网签和备案**：此时想要完成购房合同更名，相对来说比较简单。因为不涉及房管部门，只要同房产商协商，把合同注销，以其更名人的名义重新签订一份商品房买卖合同即可。由于不涉及税费，开发商一般都会同意。

◆ **已经完成网签并完成备案**：这种情况通常已经完成贷款手续，

如果一定要办理更名，则需要买房者与开发商协商，征得开发商同意，撤销现有购房合同，并和新的购房者签约重新备案。不过此时更名并不一定会成功，还取决于很多因素，如新的买受人是否有购房资格。

有时候购房合同更名被当成一种逃避交易税费的房地产交易方式，由于直接变更购房合同在办证时显示的通常是一手房交易，不被征收20%的个税，因此也存在着一定的风险。例如，购房合同更名需重新备案，然后被重新审核，如果被主管部门发现其真实目的是完成交易，则会被拒绝更名。

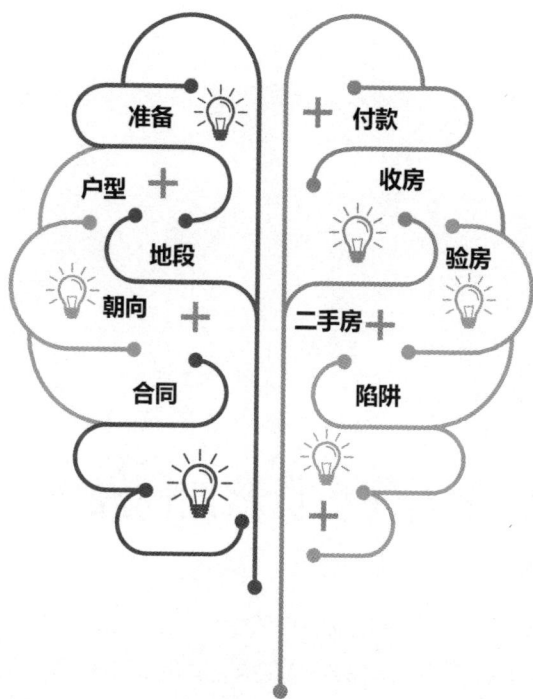

准备

户型

地段

朝向

合同

付款

收房

验房

二手房

陷阱

第6章
买房付款花样多，看你如何做选择

对于一般家庭来说，买房常常少不了贷款，申请房贷是一门大学问，首次买房的买房者需要下一番功夫来研究才能弄懂。俗话说"知己知彼，百战百胜"，弄清楚房贷知识，在申请房贷时不仅可以少走弯路，还能省下不少钱。

商业性个人住房贷款如何操作

商业性个人住房贷款也称为自营性个人住房贷款，是银行用其信贷资金向在城镇购买、建造或大修各类型住房的自然人所发放的自营性贷款。具体指具有完全民事行为能力的自然人，购买自住住房时，以其所购买的产权住房（或银行认可的其他担保方式）为抵押，作为偿还贷款的保证而向银行申请的商业性住房贷款。

首套房、二套房的认定标准

陈小姐在刚参加工作时，就与哥哥陈先生共同贷款购买了一套商品房，但是房产证上只写了陈先生的名字。不过在办理商业住房贷款时，银行让二人都做了共同贷款人。几年后，陈小姐与男朋友准备结婚，想要共同购买新房作为婚房。此时，陈小姐购买的房子算不算二套房？

其实，共同贷款人不仅要求是贷款人的直系亲属，即夫妻、子女

或父母，还必须是住房贷款抵押物——房产的所有者之一。而陈小姐
与陈先生只是兄妹关系，并非直系亲属，同时房产证上没有陈小姐的
名字，所以陈小姐再次购房可按照首套标准。那么，首套房、二套房
的认定标准具体是怎样的呢？如表 6-1 所示。

表 6-1 首套房、二套房的认定标准

房产认定类型	认定标准
首套房	贷款买过一套房，商业贷款已结清，再贷款买房
	贷款买过一套房，后来卖掉了，通过房屋登记系统查询不到房产，但在银行征信系统里能查到贷款记录，再贷款买房
	全款买过一套房，再贷款买房
	全款买过一套房，后来卖掉了，房屋登记系统查不到房产，再贷款买房
	个人名下有两套房的商业贷款记录，全都已还清且出售，同时能够提供两套住房出售的证明，这种情况下再贷款买房时
	个人名下有一套房，商业贷款已还清，另一套是公积金贷款并已出售，同时能够提供住房出售证明，申请商业贷款再买房的
	夫妻两人，一方婚前买房使用商业贷款，另一方婚前买房用的是公积金贷款，婚后两人想要以夫妻名义共同贷款，且前述贷款已还清，银行金融机构可以根据借款人偿付能力、信用状况等具体因素灵活把握贷款利率和首付比例的
	夫妻两人，一方婚前有房但无贷款记录，另一方婚前有贷款记录但名下无房产，婚后买房申请贷款的
二套房	贷款买过一套房，若商业贷款已结清，再贷款买房算首套，若贷款未结清，算二套房
	个人名下有两套房的商业贷款记录，一套已还清，另一套未还清，此时再贷款认定为二套房以上
	夫妻两人，一方婚前买房，使用商业贷款，另一方婚前买房，用的是公积金贷款，婚后两人想要以夫妻名义共同贷款，但前述贷款未还清，此时再贷款买房就属于二套房以上

续表

房产认定类型	认定标准
二套房	准备结婚的两人，还没有领取结婚证，一方名下有房产且房贷未还清，另一方没有任何房产和房贷记录，现在两人一起购买新房，登记两个人名字，没有贷款记录的人申请贷款，二人因共为产权人，从银行按揭贷款买房算二套

需要注意的是，像北京、上海、深圳、苏州、南京、合肥等一些限购城市，不管贷款是否结清，都按照二套房的政策执行，首付、利率都相应提高。

许多买房者在贷款买房时，常常还会听到"认贷不认房"的说法，它们到底是什么意思呢？与首套房、二套房又有何种关系？

认贷不认房是指在界定二套房时，如果买家在银行征信系统里已经登记有一条贷款买房的信息，且贷款还未结清，那么又申请贷款买房时，将界定该房为二套房或以上；如果已经结清所有贷款，即使买家名下已有一套房，银行业金融机构依然执行首套房贷款政策；如果买家名下已有两套及以上住房，并已结清相应购房贷款，又申请贷款购买住房，银行业金融机构可以根据借款人偿付能力、信用状况等具体因素灵活把握贷款利率和首付比例的，再贷款买的房屋属于首套房。

买房商业贷款需要什么条件和资料

对于大部分无法全款买房的买房者来说，他们都会选择商业贷款，毕竟不是所有买房者都有公积金，同时公积金贷款还存在着许多限制。那么，想要通过商业贷款买房需要什么条件？又要提交哪些材料呢？下面就来看看。

（1）商业贷款买房需要的一些条件

① 贷款对象一般为年龄在 18 ~ 65 周岁之间的具有完全民事行为能力自然人。

② 具有合法且有效的身份证、户口簿以及婚姻状况证明。

③ 信用记录良好，且有还款意愿。

④ 有支付所购房屋首期购房款的经济能力。

⑤ 有稳定的收入来源和按时足额偿还贷款本息的能力。

⑥ 有银行认可的有效担保。

⑦ 具有所购住房的买卖合同。

⑧ 买方对所购房屋具有合法处置的权利，且所购房屋已取得房屋所有权证。

⑨ 房屋产权共有的，须出具房屋产权共有人同意转让的证明。

⑩ 银行规定的其他条件。

（2）商业贷款买房所需材料

① 贷款申请人、配偶、共同借款人和产权共有人的身份证（暂住证、护照、未成年人出生证或独生子女证等）原件及复印件。

② 贷款申请人、配偶、共同借款人和产权共有人的私章。

③ 贷款申请人、配偶、共同借款人和产权共有人的户口簿原件及复印件。

④ 贷款人婚姻情况证明（已婚的提供结婚证、未婚的提供单身证明、离婚的提供离婚证）。

⑤ 贷款人收入证明。

⑥ 房屋买卖合同原件一本。

⑦ 买卖合同上所述的出售方签字的首付款收据。

⑧ 所购买房屋的产权证复印件。

商业贷款买房的流程有哪些

虽说商业贷款买房相对公积金贷款买房来说，门槛低了很多，审批时间也短了很多，但其流程却并不简单，其具体流程如下。

◆ 第一步：签约纳税

签约纳税具体要做3件事情，即买房者与开发商签订《预售契约》和《买卖合同》、买房者按开发商的具体要求缴纳首付款，以及买房者与开发商各自按房价款0.5%的额度缴纳印花税。

◆ 第二步：提交申请

商业贷款买房要求买房者按照规定填写申请资料，资料具体包括：5份《个人住房贷款借款申请表》、一份《个人住房贷款借款合同》讲解、4份《贷款房屋所有权证收押合同》、两份《授权委托书》、一份《承诺书》和一份《谈话记录》。前4项资料填写后，开发商必须签字盖章。

此外，买房者还需提交申请资料，主要包括：申请人和配偶的身份证、户口簿、暂住证、结婚证和学历证等相关证明，以及购房协议书正本、申请人家庭收入证明材料和有关资产证明等。

◆ 第三步：律师审核资料，转交银行

银行根据贷款人（买房者）提供的资料，对贷款人资信、贷款额度以及贷款年限等做出审核，这是关系到贷款申请成功与否的关键。

◆ 第四步：签订贷款相关合同

如果银行审批通过，那么银行会与贷款申请人签订一系列的贷款合同文件：5 份《个人住房贷款借款合同》、一份《中国太平洋保险公司个人住房保险投保单》、一份《个人住房担保贷款划款凭证》、一份《印鉴卡片》、一份《电子货币卡申请表》、一份《代扣还款委托书》和一份《储蓄存款凭条》。

需要说明的是，签订投保单时，买房者需要交纳房屋财产保险费、还款卡工本费（3 元）、还款卡存底费（10 元），所有文件需申请人本人签字。如果有共同申请人，所有申请人都要到场签字。

◆ 第五步：贷款申请人按月还款

合同签订完毕后，银行随后会发放贷款，而买房者获得贷款资金后，每月只需要按时归还贷款即可，直至还清本息后注销登记，整个商业贷款买房流程才算真正结束。

商业贷款买房如何选择合适的银行

选择一家好的商业贷款银行，就像寻找一个可以信赖的长期合作伙伴一样，不仅可以及时帮助自己解决贷款问题，还能提供各种专业的服务。但如果买房者忽略了银行的品牌与服务价值，只是将微弱的利率或手续费差异当作选择银行的标准，可就不划算了。这不仅可能得不到好的服务，对于后期房贷问题的处理也可能会变得比较麻烦。

因此，贷款银行的选择需要通过多个因素来确定，常见的因素有：费用低、效率高、附加要求少以及还款方便等，下面就来具体看看。

◆ **费用低**：房贷的利息由国家统一规定，每家银行都一样，关键是其他费用，如利率折扣、律师费以及保险费等。对于这些费用各家银行还是存在着一定的差异，且同一家银行在不同时期的费用也会不同，此时买房者可以直接向银行咨询。

◆ **效率高**：主要体现在两个方面：一方面，银行工作人员是否在楼盘的现场办公，因为银行工作人员到现场办公时，已经实现对开发项目进行了考察、批准，工作开展起来就比较快；另一方面，银行是否做出承诺，即在材料齐全的情况下，多少个工作日内可以把贷款审批下来。

◆ **附加条件少**：附加条件就是在银行办理房贷时，银行会提出的某些要求。例如，开卡时需要提前存入多少资金，而且必须是活期存款，然后委托银行代扣。附加条件需要买房者灵活掌握，并与银行工作人员认真沟通，因为有些附加条件是可以商量的。当然，这需要结合自己的财务情况和时间情况等来安排。

◆ **还款方便**：主要是看银行网点分布情况。银行的网点多，那么贷款人还款就比较方便。

◆ **贷款门槛低**：不同的银行对贷款人的要求不同，买房者想要快速获得贷款，就不能一直守着一家银行，应该多找几家银行并结合自身情况进行合理选择。

◆ **还款方式便捷**：选择一款适合自己的还款方式，不仅能节约利息支出，还能减轻还贷压力。从调整还款期限和还款金额来看，买房者应选择能提供多种还款方式的银行。除了传统的月均等额还款、月均等本金还款外，某些银行还推出等额递增、按季还款等方式。

住房公积金贷款买房，让其不再"沉睡"

住房公积金是指国家机关、国有企业、城镇集体企业、外商投资企业、城镇私营企业、其他城镇企业、事业单位及其在职职工缴存的长期住房储金。而住房公积金贷款是指由各地住房公积金管理中心运用职工以其所在单位所缴纳的住房公积金，委托商业银行向缴存住房公积金的在职职工和在职期间缴存住房公积金的离退休职工发放的房屋抵押贷款。

住房公积金有什么用，又该如何缴存

住房公积金是我国推行住房制度改革的一项措施，目的在于由国家、集体和个人三方共同负担，解决职工住房困难。住房公积金属于职工个人所有，职工离退休时本息余额一次付偿，退还给职工本人。

（1）住房公积金的作用

按照规定，凡是缴存公积金的职工均有享受申请公积金贷款的权利，均可按公积金贷款的有关规定申请公积金贷款。住房公积金有以下几点作用。

◆ 提前还贷减压力

很多地方都规定买房后，可以在一段时间内提取公积金（某些特殊地区还支持按月提取公积金），这样可以帮助买房者减轻还贷压力。如果已经办理了公积金贷款，在某些特殊的地区还可以将公积金提取账户与月供还贷账户二合一（如北京），按月提取的公积金额度将自动转化为每月归还的房贷。

◆ 提取公积金付房租

当前的房价可谓高得吓人，对于经济条件较差的人来说，只能租房生活。但是很多人在付完房租后，每月的工资也所剩无几，此时就可以利用公积金来减轻自己的负担。现在很多地区已经可以提取公积金来支付房租，只要房租支出超过收入的一定比例，租房者就能通过合法的房屋租赁合同以及相关收费凭证，提取公积金付房租（本章后面会对租房提取公积金的内容进行详解）。

◆ 让公积金钱生钱

公积金账户中的资金利息非常低，与其让这些资金躺着"睡大觉"，不妨把公积金提取出来进行投资。只要公积金符合提取条件，自己又会理财，就尽量将其提取出来用于其他投资，获取的收益也是比较可观的，如基金、理财产品都是不错的投资选择。

（2）住房公积金的缴存

根据国务院《住房公积金管理条例》规定，住房公积金以职工本人上一年度月平均工资为缴存基数。计算住房公积金的工资基数以国家统计局发布的《关于工资总额组成的规定》内容为准，具体有以下一些部分：计时工资、计件工资、奖金、津贴和补贴、加班加点工资及特殊情况下支付的工资。

住房公积金由两部分组成，一是个人缴存部分，二是单位缴存部分。职工个人缴存的和单位为职工缴存的住房公积金均归职工个人所有。职工个人缴存的住房公积金，由所在单位每月从其工资中代扣代缴。单位应当于每月发放职工工资之日起 5 日内将单位缴存的和为职工代缴的住房公积金汇缴到住房公积金账户内，由受委托银行计入职工住房公积金账户，职工住房公积金月缴存额的计算公式如下。

职工住房公积金月缴存额 = 职工本人上一年度月平均工资 × 职工住房公积金缴存比例

单位为职工缴存的住房公积金月缴存额 = 职工本人上一年度月平均工资 × 单位住房公积金缴存比例

住房公积金月缴存额 = 职工住房公积金月缴存额 + 单位为职工缴存的住房公积金月缴存额

离职后，你的住房公积金怎么办

缴存了住房公积金的职工都知道，其最大的用途就是用来贷款买房，因为公积金贷款利率要低于商业贷款利率。当然，如果买不起房，可以将住房公积金提取出来租房，或是用来自建房、翻新房以及装修。

在某些情况下，企业职工还可以进行销户提取余额，如离退休、丧失劳动能力等。但有很多上班族可能会有疑问：如果我离职了，准备换一个工作，那么自己的住房公积金应该如何处理？

职工离职后，根据情况不同，公积金有不同的处理方式，具体来说有两种，离职后还在当地工作与离职后去外地工作。当然，如果单纯离职，城镇户口的职工不能提取公积金，而农业户口的职工可以提取住房公积金，并办理销户。

（1）若离职后仍在当地工作，公积金如何转移

如果职工离职后仍然在当地工作，其公积金的转移主要分为以下几种情况。

◆ **市管转市管**：原单位公积金账户会与新单位合并。

◆ **市管转国管**：个人提供银行查询单（公积金卡所在银行），提交给原单位，由原单位办理转移手续。

◆ **国管转国管**：原单位公积金账户会与新单位合并。

◆ **国管转市管**：国管单位离职后，国管公积金分为两种封存状态（单位内部封存、国管集中封存）。

单位内部封存是指将市管开具的《转移职工开户证明》交到原国管单位，由原单位去经办银行办理资金的转移；国管集中封存是指将市管开具的《转移职工开户证明》、身份证原件及复印件交到现公司指定银行，办理资金的转移。

（2）离职后去其他城市，住房公积金怎么办

◆ 公积金账户转移

如果外地的工作单位为买房者建立了住房公积金账户，则可以将在当地公积金账户内的全部金额转移到外地住房公积金账户内。买房

者应该将相关材料提供给原单位，通过原单位的住房公积金经办人到开户管理部办理申请。买房者离职后去其他城市工作，转移公积金所需材料包括：调入单位接收证明、在调入地建立住房公积金的证明、转入银行卡号、开户行名称及职工本人身份证复印件等。

◆ 直接销户提取余额

买房者除了将原公积金账户转移到其他城市外，还可以直接销户提取余额，而可以销户提取余额的情况有以下几种。

① 离职、退休的。

② 农业户籍职工男满60周岁、女满55周岁的。

③ 到国外，港、澳、台地区定居的。

④ 完全丧失劳动能力、大部分丧失劳动能力或重度残疾并与单位解除或终止劳动关系的。

⑤ 领取失业保险金的。

⑥ 被判处刑罚、户口迁出所在市、非所在市户口职工与所在单位解除或终止劳动关系的。

⑦ 住房公积金账户转入集中封存户满两年或与原单位终止劳动关系满两年的。

⑧ 到所在市行政区域外工作并在当地建立和缴存住房公积金的，可销户提取全部公积金余额。

租房如何提取住房公积金

公积金缴存满一定的期限后，就可以把公积金账户里的钱提出来。

买房时不仅可用公积金贷款，买房后还可以提取公积金。而租房、建房时同样也可以提取公积金，只是不同情况可提取公积金的要求不同。

如果买房者需要提取住房公积金租房，则需要连续足额缴存已满3个月，本人及其配偶在所缴存的城市没有自有住房且租赁住房，双方都可提取各自的住房公积金来支付房租。若是租住公租房的，提取的公积金可以按照实际的房租支出进行全额提取；若租商品房，各地需据当地的租金水平和住房面积来确定提取的额度。

2015年6月26日，北京住房公积金管理中心发布了《住建部财政部人民银行关于放宽提取住房公积金支付房租条件的通知》。下面就来看看租房提取公积金的变化有哪些，如表6-2所示。

表6-2　租房提取公积金的政策变化

项目	新政前	新政后
提取条件	1. 先消费，后提取； 2. 有租房合同、租房发票，且发票已扣税（统一征收5%的综合税，每2000元的房租需缴纳100元的税）	申请人无房，即授权管理中心查询本人的住房信息，联网查询结果确实无房的，当时即可办理提取业务
提取时间	每3个月一次	每个月一次
提取金额	每月提取额度不超过缴存上限，也不得超过每月房租费	1.职工租住公共租赁住房的，按照实际房租支出全额提取 2.职工租住商品房的，只需要提供无房产证明，每人每月提取金额不超过1500元
办理公积金业务的银行	1. 中国工商银行 2. 中国建设银行	1. 中国工商银行 2. 中国建设银行 3. 中国银行 4. 北京银行

续表

项目	新政前	新政后
所需材料	1. 提取住房公积金申请表、身份证、职工本人的银行储蓄账号或住房公积金联名卡、租房合同、租房发票和完税证明 2. 如果职工配偶提取住房公积金，除了以上资料外，还需要提供夫妻关系证明的原件及复印件、主租房人提取记录单的复印件	提取住房公积金申请书、身份证和住房公积金联名卡
再次提取	房屋租期一年以上的，职工首次提取满 23 个月后，再次提取时必须重新提交材料	职工可每年提出一次提取申请，提取资金每季度转入本人银行账户，提取满一年继续提取的，职工需要重新申请提取

子女可用父母的公积金买房吗

目前，许多年轻人在申请公积金贷款买房时都可能会遇到额度不够的问题。于是，不少人就想要通过父母的公积金来进行贷款。那么，子女可用父母的公积金来买房吗？

根据最新公积金使用规定，子女买房可以提取父母住房公积金，未婚子女与父母共同生活且购买普通自住住房的，父母可以提取本人公积金账户余额。子女贷款购房，父母参与共同还款的，可按公积金还贷提取方式提取，既可以提取首付，又可以每年提取公积金还贷本息。不过，这个问题也存在地域性，不是所有地区的子女都可以使用父母的公积金贷款买房。如表 6-3 所示为与此政策相关的城市。

表 6-3 子女可用父母的公积金买房的城市

城市	政策
杭州	父母或子女购买、建造、翻建以及大修住房的职工，可以提取本人的住房公积金。职工本人账户余额不足提取限额的，其父母、子女可在限额内按规定申请提取，职工及其父母、子女合计提取金额不得超过提取限额。除需要购买、建造、翻建以及大修住房相关资料外，另需提供有效的亲属关系证明
无锡	子女可以用父母的公积金申请公贷。购房人父母正常缴存公积金、个人信用良好并有稳定收入，就可为子女办理公积金贷款，但是需要作为共同买房
上海	子女购房并申请父母公积金贷款的，直系血亲可使用本人公积金账户余额共同还贷。主贷人必须上房产证，共同贷款人必须是主贷人的配偶或同户一年以上的直系亲属
深圳	子女可以使用父母的公积金还贷。父母没有作为子女公积金贷款共同申请人的，可成为子女公积金贷款共同还款人，使用自己的公积金账户余额为子女偿还公积金贷款，每年扣减一次
天津	无论是否使用贷款或贷款形式，凡购房日期在 2012 年 5 月 1 日以后，购买保障性住房或首套住房的，提取人的父母及其配偶的父母也可根据全额支付的房款或支付的首付款，申请一次性提取住房公积金。但子女购买二套住房不能提取父母公积金。父母名下的房产，子女不可以使用公积金贷款帮助偿还
武汉	武汉市城镇居民最低生活保障家庭、低收入家庭职工等首次使用公积金贷款的，其父母子女可以申请提取本人住房公积金账户内存储余额，帮助其偿还公积金贷款
兰州	购买自住房屋后，可同时提取职工本人和配偶、父母、子女的住房公积金。提取配偶、父母、子女公积金时，仍然会按照提取额度合并计算，不能超过提取额度的上限
南昌	在过去只限提取职工本人公积金的基础上，增加了配偶、直系亲属可同时申请提取公积金。同时，租房或家人患九大疾病，都可提取公积金

除了上述提到的部分城市，还有一些城市完全不能使用父母的公积金买房，此时可以考虑以父母的名义申请公积金贷款，之后再将房子过户到子女名下即可。

住房还贷有门道

如今，由于房价的快速上涨，许多买房者都会选择贷款买房。无论是商业贷款买房，还是住房公积金贷款买房，只要贷款成功且银行发放了贷款，通常就会在后续一两个月开始还贷。不过，还贷并不一定要按照贷款期限每月"老老实实"地进行，其中有一些技巧，这些技巧用好了，可能会省下一大笔钱。

房贷的两种还款方式，哪种更划算

不管是商业贷款买房，还是公积金贷款买房，它们的还款方式无非就两种，分别是等额本息还款和等额本金还款。

等额本息还款，即借款人每月按相等的金额偿还贷款本息，其中每月贷款利息按月初剩余贷款本金计算，并逐月结清。把商业贷款的本金总额与利息总额相加，然后平均分摊到还款期限的每个月中。作为还款人，每个月还给银行固定金额，但每月还款额中的本金比重逐月递增、利息比重逐月递减。等额本金还款，即贷款人将本金分摊到每个月内，同时付清上一交易日至本次还款日之间的利息。这种还款方式相对等额本息而言，总的利息支出较低，但是前期支付的本金和利息较多，还款负担逐月递减。那么，等额本息还款和等额本金还款到底有哪些区别呢？如表 6-4 所示。

表 6-4　等额本息还款和等额本金还款的区别

区别项	等额本息还款	等额本金还款
计算方式	每月还款额 = 贷款本金 × [月利率 × (1+ 月利率)^还款月数] ÷ [(1+ 月利率)^还款月数 −1]。其中，"^" 符号表示指数	每月还款额 = 贷款本金 / 贷款期月数 + (本金 − 已归还本金累计额) × 月利率
优点	1. 每月还款金额相等，便于借款人记忆； 2. 每月还款压力平均，不会给借款人造成不确定的经济负担	1. 由于前期每月还款多，所以总利息支付比较少； 2. 等额本金还款法，一般可申请较长的贷款期限（10 年甚至更长）
缺点	1. 与等额本金还款相比，需要借款人支出的贷款利息更多； 2. 在还款初期，利息占比不大，不利于在还款期未到之前先行偿还贷款	1. 前期每月还款多，还款压力较大； 2. 如果不能按时归还，则会造成贷款逾期影响征信； 3. 每个月还款的金额都不同，所以比较难记住
适用人群	收入处于稳定状态的家庭，买房自住、经济条件不允许前期投入过大，可以选择这种方式，如公务员、教师等收入和工作机会相对稳定的群体	目前收入较高，但是已经预计到将来收入会减少的人群。例如，年龄较大的人群，有一定的经济基础，但收入可能随着退休等因素减少，就可以选择这种方式进行还款

其实，不管是使用等额本息还款，还是等额本金还款，每月偿还的贷款利息，都是根据贷款本金占用银行资金的多少来计算的。为了

便于读者更加容易对等额本息还款和等额本金还款两种方式进行理解，下面通过一个简单的例子来说明。

案例陈述

2016 年 11 月，李先生准备在某市区购买一套商品房，但由于手中的资金无法实现全额付款，而自己又没有住房公积金，于是就只能通过商业贷款买房。

在李先生到达银行准备办理商业贷款时，接待他的银行工作人员告诉他：商业贷款可选择两种方式还款，一种是等额本息还款，另一种是等额本金还款，但两种还款方式存在很大区别，为了便于李先生更容易理解，工作人员帮助李先生对新房的贷款情况进行了分析。

李先生想要购买的房子有 100 平方米，每平方米的价格是 1 万元，首付 30%，贷款时间为 20 年（即 240 个月），当前商业贷款最新利率为 4.90%（月利率＝年利率 /12）。那么，该房子的总价款为 1×100=100（万元），首付为 100×30%=30（万元），贷款总额为 100-30=70（万元）。

此时，通过等额本息还款法和等额本金还款法的计算公式可以得出：

等额本息还款月供 4581.11 元，20 年总利息约为 39.95 万元。

等额本金还款首期还款额为 5775 元，20 年总利息约为 34.44 万元。

从上面的例子中可以看出，等额本金还款比等额本息还款的利息要低 5 万多元。如果李先生此时手头比较宽裕的话，那么选择等额本金还款会更加划算一些。

什么人适合提前还贷

买房者可能在开始买房时，手里的资金比较拮据，不得不选择贷款买房。但过了几年之后，手里有了一些积蓄，就会考虑提前把贷款还完，这样可以节省一些利息。提前还贷主要有 3 种方式，具体介绍如下所示。

◆ 剩余的贷款保持每月还款额不变，将还款期限缩短。

◆ 剩余的贷款将每月还款额减少，保持还款期限不变。

◆ 剩余的贷款将每月还款额减少，同时将还款期限缩短。

但事实上，即使买房者手里有了钱，也并不是所有的买房者都适合提前还贷的，如表 6-5 所示为适合提前还贷和不适合提前还贷的买房者类型。

表 6-5　适合提前还贷和不适合提前还贷的买房者

区别项	详情
适合提前还贷的情况	如果是等额本息还款，没有超过贷款年限 1/3 的，提前还款比较划算
	如果是等额本金还款，没有超过整体贷款年限 1/4 的，可以做一部分提前还款
	除了 5 年定存，其他投资理财都不会，则可以提前还款
	想还清贷款作抵押的，则必须提前还款
不适合提前还贷的情况	基准利率享受 7 折 ~8.5 折之间的买房者，由于已享利率优惠，即便利率调整前后月供之差也不会超过 100 元。因此，不需要提前还贷
	等额本金还款期已过 1/3，由于前期还款较多，剩下小额的贷款，即便涨了利率，利息也不是太多

续表

区别项	详情
不适合提前还贷的情况	等额本息还款已到中期，因为这时已经还了大部分的利息
	不久后还需要贷款的买房者，现在若把钱一下子还进了银行，等再去银行申办贷款时，基准利率可能会上浮 10% ~ 30%，甚至更高
	有其他投资机会的买房者，能拿到超过房贷利率的收益，那么也没有必要急着还款，因为银行一般商业贷款利率要远远高于房贷利率

提前还贷要收违约金，你一定要知道

现在的房贷时间最长为 30 年，但是真正周期并没有那么长。因为很多买房者在经济条件允许时会选择提前还贷，虽然这样可以节省贷款利息，但银行也会因为买房者提前还款而收取违约金。

案例陈述

孙先生租房多年，终于下定决心在工作的城市按揭了一套商品房。付了首付以后，孙先生就向某银行申请了商业贷款。

在银行签订贷款合同时，孙先生想着早点办理完，可以早点获得贷款，也就没有细看合同中的条款，毫不犹豫地签了。3 年后，孙先生有了一定的积蓄，于是决定提前把房贷还上。可是，银行工作人员听完孙先生的话后，直接为其办理了提前还款手续，然后告诉他，提前还贷需要支付提前还款金额的 1% 作为违约金，也就是说孙先生需要支付 5000 多元的违约金。这让孙先生很难理解，但银行工作人员又解释道，这在贷款合同中有明确说明，此时孙先生即便难以接受也没办法了。

　　从上面的例子中可以看出，因为孙先生在签订贷款合同时，没有仔细阅读违约金条款，等到提前还贷时就发现凭空冒出来一笔数额不菲的费用。站在银行角度，办理贷款也是需要各项成本支出的，如果贷款人提前还贷，就必须把这些人力和时间成本计算在内。

　　事实上，提前还贷违约金也不是一定要收取，有些金融机构就把这项费用免去了。为了限制提前还款，一些金融机构就提出了"实质性的提前还款"的概念，该概念是指在 12 个月内，借款人提前还款的金额超过了贷款本金余额的 20%，即视为实质性的提前还款。有些银行就在这个概念下，要求贷款人支付提前还款的违约金。

　　由于提前还款会产生违约金是贷款合同中的条款之一，一旦贷款人在指定的时间内提前还清全部贷款或大部分本金，将需要支付违约金。违约金的收取主要有两种方式，如表 6-6 所示。

表 6-6　违约金的收取方式

方式	说明
按照提前还款金额的百分比计算（一般为 1%~3%）	以建设银行为例，其规定为： 1 年内提前还款的，银行将收取提前还款金额的 3% 作为违约金； 1~2 年内提前还款的，银行收取提前还款金额的 2% 作为违约金； 2~3 年内提前还款的，银行收取提前还款金额的 1% 作为违约金； 3 年之后，无违约金
违约金为若干个月的利息	以中国银行为例，其规定为： 1 年内提前还款的，银行收取 3 个月的利息作为违约金； 1~2 年内提前还款的，银行收取 2 个月利息作为违约金； 2~3 年内提前还款的，银行收取 1 个月利息作为违约金； 3 年以后，需要参照抵押合同为准

小贴士

由于贷款的第一年利息最多，银行会想方设法制止贷款人在这个时期内提前还款，以尽量多地收取一些利息。如果买房者想提前还款，那么银行将会以另外一种形式迂回地赚回来，即违约金。

利率变化，是否对还贷产生影响

根据国内经济的发展情况，国家会适当地对利率进行调整。房贷实行的是浮动利率，不仅随着利率的调整而调整，还随着国家优惠政策的改变而改变。而贷款利息按照浮动利率计算，银行贷款利率调整后，贷款利息计算的利率水平也随之调整。当然，不管怎么计算，对于已经支付过的利息没有影响，只会影响未支付的利息。

通常银行利率调整后，所贷款项还没有偿还部分的利率也随之调整，其主要有 3 种表现形式。

◆ 银行利率调整后，所贷款利率在次年的年初执行新调整的利率（如工商银行、农业银行和建设银行）。

◆ 满年度调整，即每还款满一年调整执行新的利率（如中国银行）。

◆ 双方约定，一般在银行利率调整后的次月执行新的利率水平。

虽然银行利率的变化会对买房者以后每月还贷的钱产生影响，但这并不能说明此时就比较适合提前还贷，下面就来看看原因。

从上一节内容可以知道，大多数银行都有相关方面的规定，如果还款时间没超过规定年限，则需要缴纳一定比例的违约金。同时，如果买房者选择的是等额本息还款，且还款时间较长，再选择提前还款也就省不了多少钱。因此，在利率较高时选择提前还款，那么根本无法达到省钱的目的。

如果买房者手里有其他投资理财项目（如股票、债券或基金等），收益率高于贷款利率，也就没有必要提前还贷，可以直接将手里的资金用于投资。经过前两年的多次降息后，房贷利率就会非常低，完全无法与具有稳定收益的理财产品的收益率相比。因此，将资金拿去投资，所获得的收益在抵消银行贷款利息后还有剩余，这样显得更划算一些。

小贴士

房贷利率随着国家政策的变动而变动，银行9折优惠是在基准利率基础上的9折。如果国家取消了9折优惠政策，还没有还清的那部分贷款的利率优惠也会随着取消，当然对已归还本金的那部分利息并没有影响。

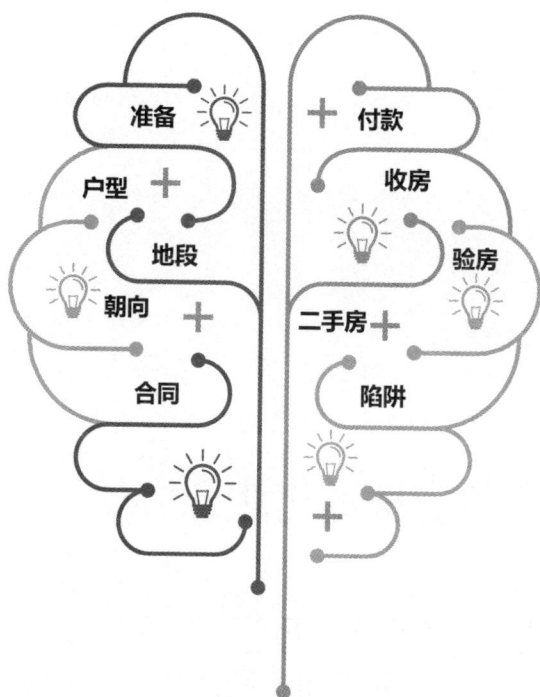

准备

户型

地段

朝向

合同

付款

收房

验房

二手房

陷阱

第7章
收房验房责任大，不要轻易做决定

收房是指买房者从开发商手中接收房产，表面上看是交付房屋钥匙，实际上是转移房屋所有权。收房是买房过程中的最后一个环节，也是最容易出现纠纷的环节，不仅涉及房屋的验收、购房合同的签订，还会牵扯到物业管理，买房者一定要提高警惕。

商品房收房标准与注意事项

　　买房者辛辛苦苦攒钱买了一套房子，经过看房、选房及签订购房合同等一系列的过程后，终于到了收房的时候，可是应该如何收房？收房时又该注意哪些问题？哪些细节必须重视？这些都需要买房者特别注意。

交房条件有哪些，不符合交房条件怎么办

　　在买房过程中，交房时经常会产生一些纠纷，这些纠纷很多情况下都是因为开发商交付了不符合交房条件的房子引起的。

（1）新房的交房条件有哪些

　　收房是件大事，也是件麻烦事，但新房的交房条件是买房者不能忽略的，特别是首次买房的买房者。按照国家规定，开发商向买房者交付的商品房需要满足两大条件，分别是开发商交房的法定条件和开发商交房的约定条件。

◆ 开发商交房的法定条件

① 房地产开发企业交付预售商品房，应当取得并提供《建筑工程竣工验收备案表》、分户验收表、实测面积测绘报告、室内环境检验报告以及符合预售合同约定的其他交付条件。

② 开发商在交付销售的新建商品住宅时，必须提供《住宅质量保证书》和《住宅使用说明书》。如果开发商不能提供上述任何一份材料，业主有权拒绝收房。

◆ 开发商交房的约定条件

① 依据购房合同，开产商在交房时，应当实现对供水、供电、供热、燃气、通信、道路以及绿化等配套设施的交付承诺。否则，业主有权拒绝收房。

② 购房合同约定的其他条件。

（2）不符合交房条件怎么办

对于开发商交房时不符合交房条件的，很多买房者并不采取行动，还认为开发商违约了就理所当然会按合同约定进行赔偿或解除合同。但权益需要自己争取，很多买房者不提出、不主张，甚至以为先收房再说，却不知道这种做法已放弃了自己的权利，等于默认了开发商的行为。下面就来看看新房达不到收房标准如何操作。

① 对于开发商交房不符合法定条件的，买房者完全有权力拒绝收房。同时，开发商应承担延期交房责任。

② 对于开发商交房不符合合同约定条件的，业主也可以拒绝收房，

开发商应承担延期交房责任。

③ 对于开发商交房时，出现房屋质量问题，应看房屋质量的严重程度，若质量严重影响入住，业主完全有权力拒绝收房，开发商应承担延期交房责任。若房屋质量问题不太严重，如墙面有裂缝或小面积脱落等，买房者应该收房，但开发商应在一定时间内进行修复，否则业主还是可以拒绝收房。

小贴士

> 不少买房者在房屋不具备合法交房条件时，就提前进房装修，等交房期届满，因为开发商交不出符合合同约定标准的房屋、配套不到位、质量存在问题或产权有纠纷等情况，导致不能按时取得住宅交付使用许可证和商品房房地产权证。

新房交付的一般流程

一般开发商通知买房者的收房时间会比较早，所以买房者最好不要在收到通知后的前两天去收房，因为在那两天，同时来收房的人会很多，但陪同验收房子的工作人员却不会有太多。因此，也就无法仔细地陪同买房者去看房子，在第三天或第四天去验房最好。同时，新房在交付时都有个大概的流程以及规范要点，具体如下。

◆ **第一步**：开发商取得商品房房地产权证后，会以书面形式通知买房者在约定时间内对房屋进行验收交接。

◆ **第二步**：新房买房者持入住通知要求的证件及其他相关资料，在入住通知要求的期限内（开发商约定的交付时限一般在收楼通知书寄出 30 天内）到房地产开发企业指定的地点查验新房开发企业依法应当取得的书面文件。

◆ **第三步**：关注面积问题，索要新房《面积实测表》，向新房开发商了解公摊面积大小及各项面积组成。

◆ **第四步**：买房者应该根据购房合同约定的标准对房屋工程质量及配套设施进行验收，做好记录，并详细填写新房验房单。同时，不要忽视对房屋产权是否清晰进行核验。

◆ **第五步**：开发商对新房存在的质量问题逐项予以修复或做出修复书面承诺，并经买受人查验同意后，双方根据新房面积实测技术报告结算房款。

◆ **第六步**：买房者向开发商交纳新房买卖合同或者新房预售合同中约定的其他费用。

◆ **第七步**：买房者签署新房《房屋验收交接单》，从开发商或开发商指定的第三方处领取新房钥匙。

◆ **第八步**：买房者向新房开发商依法选定的前期物业管理企业交纳物业管理费，并办理新房物业管理的相关手续。

值得注意的是，买房者收房时不要草率签字，因为一旦在《房屋验收交接单》上签字接收，则开发商即完成了交付房屋的义务。如果买房者在房屋交接验收中发现与合同或法律法规不符的，应在《房屋验收交接单》中予以注明，并明确开发商修复、更换时间及违约责任，直至合格再签字收房。

新房收房时需要缴纳哪些费用

许多没有买房经验的买房者可能会觉得奇怪，买房除了缴纳房款外，怎么到了收房时还要缴纳那么多奇怪的费用，觉得可能被开发商欺骗了。那么，新房收房究竟需要交纳哪些费用呢？

（1）新房收房税费和各项手续费

◆ 契税

契税的缴纳费用与房产价格成正比，按照国家指定的具体标准收取。一般非普通住宅契税按 4% 征收，普通住房标准按 1.5% 征收。个人首次购买 90 平方米及以下普通住房的契税按 1% 征收，各城市具体收费标准略有不同。

◆ 公共维修基金

公共维修基金的缴纳费用与房产价格成正比，按照国家规定的具体标准收取。公共维修基金只需要在办理产权证前缴清即可，而且二手房交易中不再涉及公共维修基金，买房者要牢记。

◆ 房屋产权登记费

不是所有的楼盘都会收取该费用，只有某些开发商在办证时才会收取，住宅 80 元 / 套，非住宅 550 元 / 套。

◆ 证照印花税

5 元 / 本。

◆ 工本费

10 元 / 本。

（2）新房收房开发商费用

◆ 房款尾款

新房交房时房屋的尾款必须已经付清，该尾款的给付根据双方合同约定进行就可以。

◆ 面积测绘费、结算面积退补房款

在办理相关手续时，依据测绘部门出示的《面积实测表》，对面积误差进行结算，按照法律规定多退少补，差别较大的房屋买房者可以退房。如果买房者对面积存在疑问，可以请专业机构测绘。若合同中约定开发商负有测绘义务的，则测绘费由开发商缴纳；若没有约定，就由委托测绘的一方缴纳费用。

◆ 装修变更费用

某些买房者在房屋装修上进行变更，所以涉及的费用等相关问题一般会签订补充协议，该费用需要根据业主与开发商的补充协议收取。

◆ 车位款

某些买房者需要购买车位，该费用主要是针对买车位的买房者。当然，如果购房合同中约定的是赠送车位，则不需要缴纳该费用。

◆ 产权代办费

开发商无权强制代办产权，除非买房者愿意或合同约定。如果是全款买房，开发商就无权收取代办费；如果是按揭购房，经过买房者同意代办的，开发商可以收取一定的代办费。

（3）新房收房物业管理费

◆ 物业管理费

先行收取部分物业费，不仅是为了降低物业公司的运营风险，也是使物业工作正常开展的重要前提。物业费可按月、按季或按年缴纳，但开发商不能要求业主一次性缴纳长期的物业费，最多不能超过一年。

◆ 供暖费

北方地区冬天会统一供暖，所以如果办理收房入住手续是在 6 月份之后，在大多数的情况下会被要求先行缴纳一个供暖季度的供暖费用，南方地区的新房则没有该项费用。具体的收费情况，根据每平方米的供暖费用乘以房屋面积而定。

◆ 其他相关费用

除了上述费用外，还有装修保证金，车位地锁、门卡等押金，水电周转金及燃气开通费等款项，并按照各个物业公司的要求明确具体金额与收费方式。

小贴士

值得注意的是，部分买房者认为自己是被拆迁户，手中有拆迁协议，在收房时不用缴纳契税的想法是错误的。在实际操作中还是要先缴税，然后凭拆迁协议再到当地的税收部门办理退税。

期房收房时应该怎么进行

买房者在验收期房时，一定要仔细注意每一个细节，确认房屋没有问题或所有问题都得到圆满解决后才能签字。千万不能同意先签字再拿钥匙看房验收，因为买房者签署了房屋交接单，办理了入住手续，开发商就可以以"业主已经认可"为由，对质量问题拒绝赔偿。

（1）需要准备的验收工具

验收时，一定要带上验收工具，不要嫌麻烦，验收工具是买房者在验收期房时的一大助力。正常验收房子时间一般是持续 2 ~ 3 个小时。

常见的验房工具如表 7-1 所示。

表 7-1　验收期房需要准备的工具

工具名称	作用
房验小锤	用来检查墙面、地面、窗台空鼓
较大的水桶	用来检查地漏、排水管是否通畅
卷尺	用来检查房屋净高等
网球	用来检查排污管道有无障碍物
验电插头	用来检查插座有无脱线、不通
相机	具有显示日期和闪光灯功能，用于房屋有问题时留影取证

（2）期房的验房事项

◆　看墙壁

检验墙壁，主要是看墙壁的渗水和裂纹情况。看墙壁渗水，最好是在下过大雨的第二天前往视察，如果墙壁有问题，此时基本可以看出来。看墙壁是否有裂纹，不仅要看墙面情况，还要仔细查看门窗等不易被察觉的位置。

◆　验水电

首先，检验房屋的水电是否通畅。对于电线，还需要看其是否符合国际质量标准、截面积是否符合要求。通常家里的电线不应低于 2.5 平方（这里的"平方"表示电线的截面积），空调线更应达到 4 平方的房屋。否则，使用空调时，电线容易过热变软。

◆　验防水

这主要指的是厨卫的防水情况，不过也存在某些事先已经声明没有做防水的房屋，这就需要装修做了。而对于交付时已经做了防水的，就必须对其进行检验，不然后期出现漏水情况，维护的工程就非常大，需要拆除已经装修过的地面来重新做防水层。常见的漏水位置有：楼板直接渗漏、管道与地板的接触处等。

防水的检验方法是：用水泥砂浆做一个槛堵着厕卫的门口，再拿验房工具的胶袋罩着排污口，并加以捆实。然后在厕卫放水，水量不用过多（约高 2 厘米）。不过，需要提前与楼下的买房者商量好在 24 小时后查看他家厕卫的天花板是否有漏水情况。

◆ 验管道

管道是指排水道或排污管道，特别是阳台之类的排污口。验收时，把验房工具里的器具盛上水，将水倒入排水口中，然后查看水是不是顺利地流走。这样检验管道的目的是因为有些工人在做清洁时不注意或贪图省事，而导致水泥渣进入排水管道，进而造成管道排水困难。

◆ 验地平

检验地平对于普通买房者来说存在一定难度，主要是测量离门口最远的室内地面与门口内地面的水平误差，这可以体现出开发商的建筑质量。

在五金店购买一条小的透明水管，长度为 20 米左右，并注满水。首先，在门口离地面 0.5 米或 1 米处画一个标志，将水管的水位调至这个标志高度，并找个人固定在这个位置。然后，将水管的另一端移至离门口最远处的室内，查看水管在该处的高度，再做一个标志，并用尺测量一下这个标志的离地高度是多少，这两个高度差就是房屋的水平差。一般来说，差异在 2 厘米左右是正常的，3 厘米是可接受的范畴，如果超出 3 厘米，买房者就要特别注意了。

◆ 验层高

如果购房合同中有该条款，那么买房者就需要测量一下房屋的层高。方法也很简单：把准备好的验房工具尺顺着其中的两堵墙的阴角测量（这是最方便放置长尺而不变弯的办法），不过买房者为了达到精准，最好测量房屋内的多处地方。

一般情况下，在 2.65 米左右是可接受的范围，如果房屋低于 2.6 米，那么就需要确认该房屋是否有问题了，即便没有问题，买房者日后也可能生活在比较压抑的环境中。

◆ 验门窗

检验门窗是以窗为主，主要检验窗和阳台门的密封性。其中，窗的密封性验收有一点非常麻烦，因为只有大雨天才能试出好坏，不过一般也可以通过查看密封胶条是否完整牢固来证实。阳台门一般要看其内外的水平差度，如果阳台的水平与室内的水平一样，就很难避免大雨天时雨水渗进的问题。

◆ 其他项目

除了前面介绍的项目，还有一些其他检验项目，不过这些项目的检验都需要具备专业的知识才行。此时，买房者可以带一个专业人士帮忙验收，这样至少比自己验收更有把握。

小贴士

对于发展商来说，将房屋层高做矮是非常有效的一种节约成本的方法。减少总承重，这样可以节省部分基础成本，虽然可能只减了 10 厘米左右，但是从总体上来看，成本节约也是很多的，尤其对于成片开发的住宅区。同时，降低层高在一定程度上可以建设更多的层数。

房产证将"下岗"，不动产证正式登场

《不动产权证书》简称不动产证，是指国土资源部制定的不动产登记簿证，2015 年 3 月 1 日正式施行，国土资源部制定的不动产登记簿证样式《不动产权证书》《不动产登记证明》正式启用。不动产登记机构启用新的不动产登记簿证后，原有的各类不动产登记簿、权属证书和登记证明样式将逐步停止发放。

如何解读不动产证的到来

在不动产登记政策实施之前，买房者购买房屋后办理产权证，需要办理房屋所有权证（房产证）和土地使用证。不动产登记开始后，房屋所有权证和土地使用证合二为一，统一登记到不动产权证书上，即两证变成一证。为什么要进行不动产登记？不进行不动产登记有何后果？房产证与不动产证有何区别？下面就来对这些问题逐一做出解答。

◆ 为什么要进行不动产登记

以往，多个行政机关负责对不同的不动产加以管理，由此形成了分散登记的现象。例如，土地由土地管理部门管理，建设用地使用权登记也在土地管理部门进行。分散登记不仅影响信息的全面公开，而且很容易诱发欺诈行为，影响房屋交易安全。

◆ 不进行不动产登记有何后果

根据《物权法》的有关规定，没有要求对不动产权进行强制登记。但如果权利人不登记，其不动产交易安全可能受到严重影响，也容易发生权属纠纷。作为不动产统一登记的核心内容，簿证统一后，物权变动情况才能统一规范地反映，物权才能得到统一的严格保护。簿证不统一，就可能出现一房、一地多卖，产生交易风险。因此，从保护权利人的物权角度，《物权法》规定了依申请登记。

不动产权利人已经依法享有的不动产权利，不因登记机构和登记程序的改变而受到影响，此前依法颁发的各类不动产权属证书和制作的不动产登记簿继续有效。

◆ 房产证与不动产证有何区别

根据国土资源部官方微博介绍，不动产证上除了权利人、共有情况及坐落位置等原来房产证也有的内容外，还增加了镭射区、不动产单元号和使用期限等内容。不动产单元号具有唯一代码，相当于证书记录的不动产在全国范围内唯一的"身份证号"，通过不动产单元号就可以锁定该不动产信息；而房产证的内页内容仅包括房屋所有权人、共有情况、房屋坐落、登记时间、房屋性质、规划用途、房屋状况和土地状况。

◆ 现在的房产证等产权证必须要换吗

按照国家"不变不换"的原则，现有各类不动产权证书继续有效，权利不变动，证书不更换，即旧证、新证同时都具有法律效力。但新购房屋等不动产首次办理产权证、申请办理产权变更登记及转移登记等手续的市民，将逐步换发新的不动产证。另外，农村土地承包经营权登记按照国家规定予以 5 年过渡期。

◆ 个人名下多套房，到底要领几个证

《不动产权证书》包括单一版和集成版两个版本，集成版用于记载同一权利人在同一登记辖区内享有的多个不动产单元上的不动产权利。例如，某人有两套房产在同一宗土地上，则两套房产登记在同一个不动产登记簿证上，也就是集成版证书；如果两套房产在不同的土地上，则仍登记在两个不动产登记簿证上，也就是单一版证书。

◆ 不动产登记人人可查吗

只有权利人、利害关系人及有关国家机关可以依法查询、复制不动产登记资料。可见，法律将自然人的查询主体限定为权利人和利害关系人。权利人指的是不动产权的所有人，如房子是自己的，就可以申请查询自己名下的房产情况。若房子抵押给银行，那么银行作为抵押权人，凭借抵押登记也有权查询登记资料。

利害关系人是指和不动产所有者有直接关系者，比如夫妻、父母等。在一些债务纠纷中，债权人也可以凭借人民法院的补充证据材料通知书，自行或委托律师事务所查询债务人名下的已确认房产情况。

怎么办理不动产证，你是否清楚

不动产证是权利人享有该不动产物权的证明，其记载的事项应当与不动产登记簿一致。如果记载不一致，除有证据证明不动产登记簿确有错误外，都以不动产登记簿为准。那么，不动产证的办理流程是怎样的呢？主要流程分为预告登记、权属登记和领证 3 个步骤。在办理权属登记时，需要提交相关的申请书等资料。

（1）不动产证办理流程

◆ 预告登记

业主可单方持房屋买卖合同、缴款凭证及身份证明等资料向房地产交易登记机构申请办理，并领取相应城市的商品房预告登记证明书。

◆ 权属登记

需交资料：房地产登记申请书、房地产他项权利登记申请书（已设定抵押的）、房屋面积测绘成果报告书、用地来源文件、房屋报建文件、预售许可证（属商品房项目的）（提交复印件）、楼盘单元明细表（2003年6月13日前领取预售许可证的）、身份证明、公安部门门牌证明、拆迁前原房屋的房地产证（合作开发或自己开发自有房地产的）、移交房屋证明（土地出让合同条款里规定要移交有关房屋及直管房拆迁的）、在建工程抵押登记证明书（已设定在建工程抵押的）以及银行与开发企业确定抵押情况的报告（实测面积、门牌与抵押登记证明书记载的面积不相符的）。

办理时间：自收件窗口立案受理，领取《房地产交易登记受理回执》之日起计算30个工作日。需要注意的是，符合规定的申请材料才能受理，审查时限不包括公告时间。为了方便群众和企业，登记机构将会进一步优化办事程序，尽可能提高工作效率，缩短办事时限。

◆ 领证

申请人到不动产所在地的不动产登记窗口领取《不动产权证书》。

小贴士

如果要旧证换新证，其办理流程是：首先，申请人提交申请资料，不动产登记部门进行权籍调查或数据整合；其次，申请人到不动产所在地的不动产登记窗口递交申请材料；再次，所属地不动产登记机构受理、初审后报市不动产登记中心审核；第四，市不动产登记中心核准并将登记事项记载于登记簿；最后，申请人到不动产所在地的不动产登记窗口领取《不动产权证书》。

（2）不动产证办理注意事项

对于普通百姓买房来说，房产证"升级"为不动产证后将不必再多个部门来回跑，所有手续都可在不动产登记中心一站完成。如果证件遗失要补办，也不必像以前一样自己去登报声明，而是登记机构免费提供刊发，并在 15 个工作日后补发。不过，不动产证办理需要注意以下事项。

◆ **旧证书仍然有效**：新版证书和旧版证书在一段时间内并行使用。

◆ **不会强制换新证**：只要房产不涉及变更、交易等事项，不需要特意去更换成不动产证。

◆ **新证办理只多一道工序**：办理不动产证的手续和原房产证的手续一样，不需要增加任何费用。唯一区别在于，办理房产证过户只需要将图纸直接复印即可，而不动产证需到测绘院重新出具一份带编码的图纸（本章后面内容将对过户进行详解）。

◆ **小产权房不发证**：多位法律专业人士表示，根据我国现有法律，小产权房其实是没有产权的房屋，将其纳入不动产统一登记是没有依据的。

不动产证上写了谁的名字，房子就是谁的吗

数据显示，目前全国 31 个省（区、市）中，除西藏自治区以外，均已发放出首批不动产权证书。按照国土资源部的相关工作安排，在 2016 年年底前所有市县停发旧证，颁发新证。

而许多买房者可能还是以前的思想，就是认为不动产权证上加了自己的名字，房子就有自己的一份，但事实真的是这样吗？这可不一定。例如，结婚前买的房子，就算是写了两个人的名字，如果闹上法庭，没有证据能证明你出了钱，即便是写上名字也没用。

◆ 名字越多等于税款越多

不动产证上可以写几个名字没有具体的规定，即不动产证上没有对名字的多少进行限制。不过名字越多，后期可能产生的税款也会越多。例如，如果不动产证上写了父母的名字，那么父母过世后需要交遗产税。

◆ 不动产证上名字的常见问题

问：婚前买房和婚后买房有什么区别？

答：《婚姻法》司法解释（二）第二十二条规定："当事人结婚前，父母为双方购置房屋出资的，该出资应当认定为对自己子女的个人赠与，但父母明确表示赠与双方的除外。当事人结婚后，父母为双方购置房屋出资的，该出资应当认定为对夫妻双方的赠与，但父母明确表示赠与一方的除外。"

问：婚前男方家全款买房，婚后不动产证上加了女方名字，那么女方现在拥有这套房子的所有权吗？

答：不动产证上写谁的名字，并不意味着房屋产权的归属。如果男方能够证明是婚前全款购买的房屋，那么女方则不享有房屋所有权。

问：结婚前女方出资买了房子，婚后不动产证上加了男方的名字，现在应该如何保护女方的权益？

答：婚后财产或婚前财产的约定，对夫妻双方都具有约束力。夫妻双方之间可签订协议，一方有过错，另一方将独占房产，该协议受到合同法的约束。

问：现在的房子是男方首付购买，不动产证只写了男方的名字，但是婚后剩下的房贷，是夫妻共同偿还的。假如婚后发生纠纷，那房屋产权应该如何分配？

答：如果离婚，男方将拥有100%的房屋产权，但他要补偿女方还贷的钱和房子溢价的部分。此时，女方一定要保留好偿还房贷的凭据。

房屋不动产登记能过户吗

现在买房办理手续更加透明与便捷，不会像以前那么麻烦。其中，房屋过户手续是房产交易中比较重要的流程，也是许多买房者比较关心的问题。

◆ 房屋不动产登记是否可以过户

业主未首次登记，房子不准许过户。《意见稿》规定，未进行首次登记的，不得进行变更登记、转移登记、注销登记、预告登记、更正登记、异议登记以及查封登记等操作。不动产权登记在 2015 年 3 月 1 日实施以后，一直说明不动产"依申请登记"，即登记是遵循自愿原则。但《意见稿》的规定则说明，如果居民手中房产、土地等未进行不动产权登记的买卖、继承和转移登记，是无法进行的。

◆ 不动产登记后过户流程

一般情况下，办理不动产登记过户在 10 个工作日内可以完成，其具体流程如下。

（1）买卖双方签好合同后，带着身份证明、不动产证、户口本、结婚证、买卖合同和过户确权审批表到当地房管部门签名，并交付一定的房款，然后在当地房管部门测绘公司申请房屋测绘，并出具新的房屋测绘图。

（2）买卖双方带着上述材料，到当地房管部门和税务部门委托的房屋价值评估公司申请房屋价值评估。

（3）房屋价值评估公司受理后按房屋价值评估程序对所受托评估房屋价值出具评估报告，委托评估的一方要缴纳一定的房屋价值评估费。

（4）买卖双方带着上述材料，到当地税务部门申请缴纳房屋契税。

（5）当地税务部门受理后认真审核，出具房屋应交契税单，过户者缴纳契税。申请缴纳房屋个税及其他税费，当地税务部门受理后认真审核，符合规定的出具纳税单。

买房者到底该不该交物业管理费

　　几乎大部分的买房者每个月都有按时交纳物业管理费，可是物业公司什么时候可以开始收取管理费？代收取水电燃气费时，物业管理公司是否可以自行加价？欠了物业管理费是否还享有买房者的权利？本节主要介绍小区物业管理的相关常识，进而帮助买房者判断何时该交物业管理费。

交房没入住是否该交物业管理费

　　目前，在房地产市场中，房屋空置的现象非常多，而空置房屋是否应该交物业管理费也成为许多业主与物业公司争论不休的问题。

案例陈述

　　2015 年 5 月，姜先生出于投资目的，在昆明市某小区购买了一套住宅，并于 2015 年 8 月办理了房屋交付手续。同时，姜先生与该小区的物业公司签订了物业服务协议。此后，由于姜先生一直未缴纳物业管理费，物业公司多次致电催缴，但姜先生以未真正入住为由拒不缴纳物业管理费。

2016 年 9 月，物业公司将姜先生起诉至某人民法院，要求姜先生支付物业费，并承担近千元的违约金。

在法院审理的过程中，姜先生辩称自己的房屋在交付后一直处于闲置状态，既未对房屋进行装修，也未居住或使用，根本没有享受过物业公司提供的任何服务，所以不应该支付物业管理费和违约金。但是物业公司却坚称，虽然姜先生的房屋处于闲置状态，但物业公司仍为其房屋的安全、公共设施的维护、小区的整体绿化和保洁提供了服务，故姜先生理应交纳物业管理费，并承担违约金。

由于目前物业管理费的构成主要包括保安费、绿化费、化粪便费、小区公用设备维修费、公共照明的电费及电梯运行费等，从构成可以看出，物业管理费大部分属于为全体业主公共部分的管理、共用设施设备维修而支出的费用，并不是专门针对某一业主进行的服务。此时，物业公司服务的对象是业主房屋，而非业主。业主的房屋是否使用，并不影响物业公司对整个小区提供服务。姜先生购买房屋的目的是投资，而物业服务也为姜先生的房屋起到了保值的作用，可以说姜先生也是物业服务的受益者。

最终，经法庭调解，双方最终达成协议，姜先生当庭支付了拖欠近一年的物业管理费，而物业公司也放弃追究违约金的主张。

从上面的例子中可以看出，虽然物业公司没有追究违约金，但姜先生依旧补交了之前欠下的物业管理费。也就是说，房屋一旦交付，小区的房屋已经属于业主，因而业主对这个房屋就有一定的所有权。

从某种意义上来说，业主已经开始享有物业公司对小区的管理服务，有义务去缴纳这个小区规定的物业费。所以，不管业主是否入住小区，都等同于入住。换句话说，只要完成交房，业主就需要缴纳相应的物业管理费。

业主财产损失，物业公司是否担责

业主在小区生活最担心的就是家里的财产安全，许多人在财产受损后，一部分是自责，另一部分就会认为物业公司的安保工作不够好，进而与物业公司产生纠纷。那么，业主缴纳了物业管理费后财产受到损失，物业公司是否需要对此负责呢？

案例陈述

李先生是广州市某小区的业主，在 2016 年 3 月 26 日，李先生与该小区物业公司签订了物业管理服务协议。其中，约定物业公司对小区的主出入口 24 小时当值，定时小区巡逻，对封闭小区的人员、物品、车辆进出及突发事件的应变与防范提供安全方面的服务。

2016 年 11 月 18 日 19 时，李先生下班回家，发现家中被盗，于是向当地公安机关报案，被盗物品总价值 3 万余元。在李先生与物业公司对于赔偿事宜协商未果的情况下，2016 年 11 月 20 日，李先生将物业公司诉至当地人民法院，要求物业公司赔偿被盗物品损失 3 万余元。

法院通过审理认为，李先生与物业公司双方签订的合同中，物业公司的义务是维护小区的公共秩序，不是对每家每户予以保护，对于业主财产不具看管义务，并且物业公司在合同义务范围内不存在过错。因此，李先生无权要求物业公司做出赔偿。

从上面的例子中可以看出，业主财产损失，物业公司是否承担责任，应当先看一下双方最开始签的相应的合同，如果合同上有相应的内容就应该依据合同进行相应的处理。

其实，对于小区内发生的财产被盗造成的损失，物业公司是否应该承担赔偿责任，可以根据不同情况进行具体分析。

◆ **业主财产损失，物业公司应该担责任**：该情况的前提是物业公司没有履行法定或约定的保安义务，即物业公司存在过错如违约行为和双方有明确约定其对业主的财产丢失、毁损承担赔偿责任。此时，物业公司需要承担责任。

◆ **业主财产损失，物业公司不需要担责任**：一般来说，物业公司对业主的财产没有保管义务，它只是接受业主的委托而进行服务。如果在合同上没有规定这属于物业公司的过错范围，则物业公司不需要承担责任。

拖欠物业管理费，物业公司是否有权断水电

小区业主与物业公司之间最常见的矛盾之一，就是催缴物业管理费。小区物业管理混乱，引起许多业主不满，并以此为由拒绝缴纳物业管理费，而一些物业公司也扬言要断掉业主的水电。那么，物业公司真的有权利这样做吗？

《物业管理条例》第四十四条规定，物业管理区域内，供水、供电、供气、供热、通信和有线电视等单位应当向最终用户收取有关费用。

物业服务企业接受委托代收前款费用的，不得向业主收取手续费等额外费用。此时可以看出，法律对于物业公司接受供水供电等单位委托代为收取水电费等费用的行为并未被法律所禁止，只要相关单位授权委托，物业公司是可以代为收取水电费等费用的，但是不得向业主收取手续费等额外费用。

◆ 业主欠缴水电费，物业公司有权停水停电

在实际物业管理中，如果业主欠缴水电费，物业公司一般会采取停水停电措施。对于物业公司的这种做法是否合法，则需要具体分析。

（1）如果供水供电公司委托物业公司代收水电费，则当业主欠缴水电费时，物业公司可以供水供电公司名义对业主采取停水停电措施。

（2）如果供水供电公司未委托物业公司代收，那么物业公司不能采取停水停电措施。若物业仍停水停电，给业主造成损失的，业主可向物业公司要求赔偿因此造成的损失。

◆ 业主欠缴物业管理费，物业公司无权停水停电

如果业主未及时缴纳物业管理费，物业公司可以催促业主及时缴纳，并让业主承担一定的违约金，甚至可以向法院起诉，但物业公司无权采取停水停电措施。

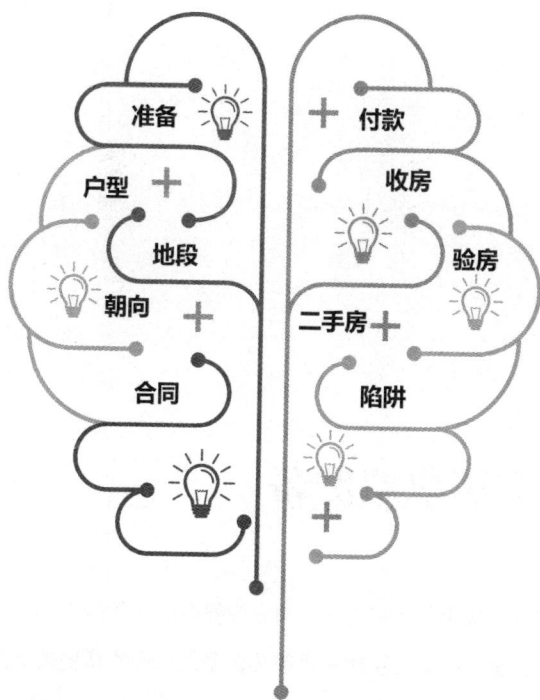

第8章
退而求其次，二手房也不差

对于部分买房者来说，可能因为资金、地段以及时机等因素的影响而选择购买二手房。但在二手房交易过程中，由于受自身专业知识的限制，买房者考虑得不是十分全面，最终产生纠纷的概率比购买新房要大。本章就将主要介绍二手房的选购技巧，进而帮助买房者选到合乎心意的房子。

二手房买房前准备

　　买房者在购买二手房之前，首先需要做好相关的交易准备，如明确不能买卖的二手房、了解二手房买卖条件以及二手房买卖税费怎么算等，这样不仅可以买到合适的二手房，还能避免掉入二手房买卖陷阱中。

不是所有二手房都能进行买卖

　　二手房可以买卖，但不代表所有的二手房都能够拿到市场上交易。根据我国相关法律的规定，存在下列情况的二手房，是不能拿到市场上进行买卖的。

　　（1）只取得使用权的房屋，如房屋管理局直管公房。

　　（2）在未取得房屋不动产证之前，从法律上来讲，还不能确定房屋的合法所有权人，这样的房屋无法进行转让。若此种房屋一旦转让，可能会因卖方不具备对房屋的处分权而导致买卖合同无效，或在房屋过户时遇到障碍，从而无法实现房屋交易。

（3）鉴定为危房的房屋，不但居住会有安全隐患，而且也没有了其他的利用价值。因此，买房时一定要了解房屋的房龄、结构等情况，做出是否属于危房的初步判断。

（4）所有权共有且其他共有人不同意出售的房屋。

（5）已经抵押且未经抵押权人书面同意的房屋。

（6）以标准房屋价格购买但尚未按成本价补足剩余价款而向全产权过渡的房屋。

（7）依法被查封、扣押或者依法以其他形式限制权属转移的房屋。

（8）房屋已出租给他人，当房屋所有人决定卖掉房屋而未按规定通知承租人，侵害承租人优先购买权等权益的。

（9）在农村集体土地上兴建的房屋，即"小产权房"。一般来说，此类二手房屋是禁止转让的。因此，一旦发生纠纷，买房者的权益很难得到维护。

（10）法律、行政法规规定禁止转让的其他情形。

如何选择可靠的二手房中介机构

买房者选择二手房时，出于对房产交易过程的不熟悉，往往选择中介机构代办。但由于个别没有资质或不诚信的中介机构利用买房者对交易流程的不熟悉而收取各类费用，并设下陷阱，使买房者上当受损。那么，对于买房者来说，如何选择一家可靠的中介机构呢？

◆ **注册手续**：审查中介机构是否具有从事房地产中介服务相应的资质、资格、执业许可和营业执照。从事房地产中介服务，必须具有《工商营业执照》和《房地产中介资质证书》，这是营业的前提。作为一名合格的房地产经纪人，必须持有《经纪人资格证书》和《房地产经纪人专业资格证》。

◆ **经营范围**：审查中介机构经营范围中是否包含买房者咨询委托的业务，如果没有得到工商行政管理部门许可，随意扩大经营范围，也值得怀疑。

◆ **经营规模**：审查中介机构从业人员的人数、外地或本地是否有分店以及合作单位等。

◆ **收费标准**：审查中介机构的收费标准是否过高或过低，过高自己会吃亏，过低就显得不正常。

◆ **口碑形象**：审查中介机构是否有被投诉、起诉的情况发生。

◆ **经营场所**：审查中介机构的经营场所是否正规、是否固定。如果他们只是一间屋、几张桌，环境也非常差，那么买房者就需要警惕他们是否随时会逃跑。

◆ **业务水平**：审查中介机构是否具备较高素质和丰富办案经验，如成功交易了多少套房屋。

二手房优劣势分析，看看其是否值得购买

任何事物都有两面性，二手房也是如此。相对于新房来说，二手房同样存在着优点，当然也有不足之处。不过，买房者选择二手房都是有原因的，下面就来对二手房的优劣势进行分析，以帮助买房者结合自身的需求，选择适合自己的二手房。

（1）优势

买房者选择二手房的原因，不仅仅是居高不下的房价，还因为其买房观念更加理性化，看到了二手房的优势。

① 地段。市区、热点片区随处可见二手房的身影，一般新建商品房所处地理位置较偏。

② 户型。面积小，但"麻雀虽小，五脏俱全"。稍微动动心思，可以花少量的钱，把家装修得焕然一新。

③ 价格。单价高，总价低（即赠送面积较多）。

④ 交通。有密织的交通网络，交通条件十分便利。购买新建商品房后很可能得买车，要么就得常年打车、坐公交，时间和金钱花费很大。

⑤ 风险。现房现卖，房屋品质好坏一目了然，降低了许多购房风险。

⑥ 居住成本。与新房相比价格较低，因为所处区域城建配套成熟，交通便利，可以省去大把的交通费用。而且，物业费比新建商品房便宜很多，小区干净整洁，周围邻居知根知底，住着安全踏实。

⑦ 投资收益。以 7000 元 / 平方米的房价来算，50 万元能买到一套 70 平方米的房子，若月租 2000 元，21 年能收回成本，且出租容易，房租比城郊新房涨得快。但总价 50 万元，面积 70 平方米的房子却很难在新建项目中找到，且 7000 元 / 平方米的房子基本在城郊，月租在 1000~1200 元，需 34 年收回成本，房租的涨势完全不及市区内的二手房。

（2）劣势

虽说二手房存在许多优势，但其劣势也比较明显，这就需要买房者根据自身需求做出合理选择了。

① 外观。建筑外观较为传统、单一，20 世纪八九十年代建筑为主。风吹日晒久了难免有发黄、裂缝之处。

② 品质。居住品质与新建商品房相差甚远，购买二手房的买房者多把此套房子当作过渡房，他们大都还有二次买房的打算。

③ 买卖程序。交易手续、流程复杂，不易被买房者掌握。

④ 贷款。市区房源紧缺，除非买房者与卖房者是亲朋好友，不然没有哪个卖房者愿意放着一次性付款的买房者不要，而花长达一个多月的时间陪着买房者去办理贷款。这就使得买房者必须一次付清几十万元或上百万元的房款，尽管房屋总价低，但对于缺钱且首次买房的买房者来说，经济支付压力仍然很大。

⑤ 购房信息。需要买房者发扬刻苦认真的精神，对房源信息、价格及中介机构进行多方了解，才能少吃亏不上当。

新手购买二手房最容易犯的错误

首次买房的买房者，最担心的就是会不会买亏了。这里的买亏主要有 3 种说法：一是所买房子比周边同等面积房子的价格高；二是所买房子的位置不好；三是买在市场价格的"高点"。下面就来看看新手购买二手房常见的错误，了解这些可以有效规避买房风险。

◆ 房屋产权

房屋产权涉及的问题较多，例如有无遗留的纠纷问题，不动产证上业主姓名与卖房者是否相符，有无抵押、承租人及共有人。同时，还要弄清楚所买房屋的性质以及相应的交易政策。

◆ 定金协议

一般情况下，在签订正式买卖合同前，买卖双方会先签订一个定金协议，以表示双方对买卖意愿的确定。不少二手房买卖纠纷都是因为夫妻中一方擅自出售双方共有的房屋所致，因此在签订定金协议时，买方应要求上家房屋所有产权人共同签字确认。

◆ 补充协议

在二手房交易过程中，除了要签订正常合同外，买卖双方通常还会将合同中未涉及的内容进行书面补充，签订一个补充协议，该协议与正常合同一样具有法律效力。

◆ 过户

过户并不仅仅是不动产证更名的过程，还包含了煤气、有线电视、维修基金以及户口等众多事物的更换与迁移过程。在众多程序中，与户口有关的事项是发生纠纷最多的问题。买房者应该先到房屋所在地派出所查阅卖房者户口是否已迁出，如果要在交房后才可迁出，那么一定要与卖房者就迁出户口的确切时间及违约责任等予以明确约定。

◆ 交房

买房者在交房时还需要对房屋本身及其配套设施进行一次详细的检查，一旦发现有设备损坏、水电燃气等费用结算不清等，可按照合同的规定，利用尾款来争取补偿。

锁定二手房房源信息

在房产市场中，二手房一直处于活跃状态，其房源途径也很多。那么，如何辨别二手房房源信息真假？首先需要判断房源信息是否合理，虚假信息无非都围绕着低价格、较多赠送面积以及豪华装修等字眼。此时，买房者最好留个心眼，进行实地考察，看看房源的面积与价格是否符合实际情况等，不要因为贪小便宜而吃大亏。

哪里可以找到二手房房源

二手房房源与新房房源存在些许差异，因为新房可以直接去开发商的新楼项目中看，而二手房就显得没有那么容易，下面就来看看二手房房源去哪儿寻找。

（1）网络信息

从网上获取所需要的信息成为买房者获取房源信息的主要途径，

常见的网站如下。

◆ **政府类网站**：通过政府类网站，买房者可以了解到房产市场政策、房产相关的法律法规、开发商信息以及房屋和交易信息等，如北京市住房和城乡建设委员会（http://www.bjjs.gov.cn/）。

◆ **专业房产信息网站**：专业房产信息网站中的房源数据丰富，信息量大，功能强大而实用，可查询到各类二手房系列信息，如新浪地产网（http://dichan.sina.com.cn/）。

◆ **开发商网站**：开发商网站的数量较多，主要进行企业品牌宣传、楼盘推广以及售后服务等内容的介绍。该类网站的使用比较方便，买房者可搜寻开发商在建、在售和已售等楼盘信息，如保利房地产（http://www.gzpoly.com/）。

◆ **中介机构网站**：一般的中介机构都有自己独立的房产交易网站，为用户提供房源查询、在线交易等功能。其唯一的不足是只提供自己公司的房源，如链家网（http://www.lianjia.com/）。

（2）广告

发布广告的地方有很多，常见的有报纸杂志广告、户外广告、楼书及电视广告等。同时还有一些广告招贴中的宣传海报，这些招贴摆放的位置也有很多，如住宅小区的招贴栏、小区居委会以及健身房等地。

（3）其他二手房房源

除了通过网络与广告了解二手房房源信息外，还有其他一些常见的方式，具体介绍如下。

◆ 市场拍卖

市场拍卖的房屋主要有两种类型，分别是拍卖房和典当房，而这两种房子价格一般会低于市场价。其中，拍卖房是指遭到法院查封而被拍卖的房子，其拍价一般低于市场价 10% ~ 20%，如果机会把握得当，可以低价位买到好房子；典当房是指被典当或抵押到期没有赎回而被拍卖的房子，拍价一般也低于市场价。

◆ 房地产交易会

各地经常会举办一些房地产交易会，在房地产交易会上通常会开辟二手房专区，买房者通过查看网络或多留意报纸杂志等渠道获得房地产交易会信息。

◆ 委托中介机构

现在的买房者工作都比较繁忙，花时间亲自寻找房源不太现实，所以最好是通过房地产中介机构获取房源信息。

从上面的介绍中可看出，寻找二手房房源的途径很多，买房者可以结合自己的实际情况选择合适的途径。其实，买房者还可以通过物业公司了解小区内代售的房源，或者通过亲朋好友介绍获得房源信息。

房源信息如何分辨真假

二手房房源虚假问题成为不少买房者比较烦恼的事情，那么在购买二手房的过程中如何识别虚假房源呢？下面分享一些技巧供买房者借鉴使用。

（1）虚假房源信息有哪些特征

◆ 不同房源同样信息

明明就是多套不同的房源，但是每套房源上的信息却都一样，除了地理位置存在差异外，房屋的配套、户型、面积以及装修等都是相同的，设置展示的照片都一模一样。此时，可以明显看出其为虚假房源，买房者应该首先将其排除。

◆ 相同房源不同信息

不法中介机构还喜欢使用的手段就是相同房源不同信息，即只有一套房子，其描述也相差无几，但却配上不同的照片。这样的房源也不值得相信，虽然不完全是虚假房源，但也可能是问题房屋，不然为何不放真实的照片呢？

◆ 价格偏低

一般情况下，地段相同，户型、装修等都相差不大，但价格却明显低于周围的其他房源，这也要考虑该房源是否为虚假房源，因为这可能是中介机构为了吸引买房者上门而发布的"钓鱼房"，通过极低的房价吸引买房者，然后说该房源卖完了或涨价了。

（2）辨别二手房房源的真假性

◆ 观照片

观察房源照片是辨别房源真假最直接的方式，完整的房源照片应该包括玄关、客厅、主卧、次卧、厨房、卫生间和阳台等，通过照片不仅要看到房子的装修情况，还要能看出整体的户型结果和房屋朝向。

如果买房者看到的房源照片是经过精心修饰，并且完全感受不出有人居住过的痕迹，那也很有可能是假房源。另外，如果买房者看到同样的房源图片已经出现过多次，那么这些房源都可能是假的。

◆ 看标题

标题同样可以反映出这套房源是真是假，标题内容主要包括中介公司、小区名、区位特点、户型特点及房源卖点等。一般来说，某房源的标题写有"100%真房源"或者"已认证"等字样，那么这套房源就很可能是真房源。若某房源的标题写着"急售""稀缺"等字样，那就很可能是假房源，仅仅是中介机构为宣传而做的噱头。

◆ 审描述

二手房的具体描述至少应该包括卖房者的基本信息、卖房原因、房屋使用情况以及房屋的产权情况等，越详细越真实可靠。房源描述必须要和房源图片相符合，如果房源描述里写着"家电、家具一应俱全"，但是在图片里，却没有看见家具家电，那就要注意了。同时，还要注意看该房源的描述是否被用于其他房源，如果不同的房源有同样的描述，那就还是别买这些房子了。

◆ 查房价

同一小区的房屋价格应该大致在同一水准，看到低于市场价许多的房源信息，买房者要多加咨询，谨慎选购。如果房价低于平均价28%，超出常理，要么是中介的虚假报价，要么就是房屋本身存在问题，房主急于将房屋脱手。

二手房房源中，中介常用"欺诈"手段

在选购二手房的过程中，许多买房者会需要中介机构为其服务，此时所谓的"黑中介"也会出来行骗。他们常常会利用买房者占便宜的心理来误导买房者购买二手房，因此在购买二手房时识别"黑中介"

常见行骗手段就显得尤为重要。

◆ 发布诱人的虚假广告

一些"黑中介"常常通过网络、广告等平台，发布一些地段、户型以及装修等都较好的虚假房源信息，引诱买房者前去购买二手房。等买房者上门时，这些"黑中介"就以原业主不愿出售房屋为借口，然后为买房者推荐房子。如果买房者不愿意购买，他们就想尽办法劝说。

◆ 模糊关键问题以误导买房者

"黑中介"为了促成交易，往往会故意隐瞒二手房屋存在的缺陷、房屋的交易风险以及贷款困难等专业性较强的问题，即便是买房者提到，他们也只是简单地承诺一下，同时不将一些买房细节列入合同中。此时，买房者一定要多做几次仔细的检验，避免陷入"合同门"。

◆ 一房多卖

"黑中介"往往还会利用买房者急切的买房心理与房产知识的缺乏，因此在与二手房中介签合同时，首先需要查看中介机构是否具有合法的经营资质。对于选中的房子，还要看看该房子是否有资质出售，防止因一房多卖、交易人没有房屋处理权等问题引发纠纷，进而给自己带来损失。

◆ 声称有关系买紧俏房

"黑中介"声称有关系可以拿到紧俏二手房，骗取买房者交纳"定金"。买房者在购买二手房时，必须要求中介机构出具委托协议、不动产证和商品房买卖合同等资料，同时最好请上专业的人士陪同，并到土地房产管理部门查询要购买的房子的真实性，不要轻易相信这些中介机构的口头协议，并随意交纳巨额定金。

锁定二手房后，实地查看不可少

购买二手房，并不仅仅是看一些房屋图片就可以了。因为二手房通常是别人装修过甚至住过的旧房，很多细节并不像新房那样一目了然，因此，买房者在选购二手房时，需要更加留心细节问题。此时就需要进行房屋的实地考察，并耐心询问房屋的所有情况。

如何看房屋自身情况与周边情况

对于二手房买房者而言，一定要实地考察想要购买的房屋自身情况与周边情况，包括户型、朝向、交通情况以及周围配套生活设施是否完备等。

（1）房屋自身情况

实地查看房屋自身情况，除了查看房屋的户型、朝向、通风、采光、质量、面积、层高以及装修等情况外，还需要对房屋的质量进行检测。

而房屋的质量检测主要看以下 5 项。

- ◆ **漏水**：漏水现象，包括天花板、楼地、墙面、地下室及卫浴洁具等。

- ◆ **裂痕**：检测墙面、地面和屋面是否有起翘以及开裂等问题。

- ◆ **堵塞**：检测水管道和卫生洁具是否有堵塞现象。

- ◆ **腐蚀**：检测铝合金门窗等是否存在生锈腐蚀、损坏等问题。

- ◆ **污秽**：检测墙面、地面、门窗上、下水管道及卫生洁具是否有沾满泥浆、灰尘等脏乱问题。

（2）房屋周边情况

买房者需要从多个角度去了解房屋周边环境，看看其是否符合自己的需求，如周边交通、生活配套、小区绿化以及街道居委会等。其中，周边环境有如下要素值得买房者注意。

- ◆ **水**：水质情况、水压多少以及高楼层是否保证供水。

- ◆ **电**：供电容量多少以及夏季用电高峰是否存在断电现象。

- ◆ **燃气**：收费标准、充缴方式等情况。

- ◆ **暖气**：收费情况、何时供暖以及何时断暖。

- ◆ **电梯**：使用年限、维修期限以及管理方式。

- ◆ **居住人群大致状况**：哪种年龄阶层的居住者较多，老人、中年人还是小孩。

- ◆ **小区配套情况**：小区周围是否具有娱乐健身设施、公园、银行以及洗衣店等。

- ◆ **安全问题**：这主要是小区物管负责，就是小区的出入管理、保安是否能 24 小时值班等。

- ◆ **清洁问题**：小区的环境如何，垃圾又是如何进行处理的。

二手房看房技巧，你知道吗

购买二手房时，除了前面介绍的查看房屋自身情况与周边情况外，买房者还需要掌握一些比较实用的看房技巧，这样才不会被卖房者或中介机构忽悠。

◆ 不看白天看晚上

虽然白天看房，可以将房屋的细节看得更加清楚，但是有些情况在白天是无法看到的，只有在晚上才能得到最确切的信息，如晚上可以考察物业公司是否重视小区安全、有无定时巡逻以及安全防范措施是否周全等。

◆ 不看晴天看雨天

房屋墙壁、墙角或天花板是否有裂痕，是否有漏水、渗水等现象，都可以在下雨天对其一览无遗，不管卖房者怎么对其进行"伪装"，都不管用。买房者要特别留意阳台以及卫生间附近的地板，详细检查其是否有发霉的情况。

◆ 不看装修看格局

买房者在选择二手房时，最好选择空置的房屋。因为空置的房子没有家具、家电等物品的遮挡，可以一眼看清楚整个房子内的格局。同时，好的格局应该将室内的各种功能区划分开来，如餐厅、客厅以及休息室等。若客厅的门正对着卧室，则说明该房屋的私密性较差。

◆ 不看墙面看墙角

买房者除了可以直接通过雨天查看墙面是否渗水外，还可以通过查看墙面是否平整、潮湿或龟裂来判断。而墙角相对于墙面来说更为重要，因为墙角承接着上下左右结构的力量，如发生地震，墙角的承重力就非常关键。同时，当墙角出现严重裂缝时，漏水的问题也会随时出现。

◆ 不看装潢看做工

好的装潢可以提升房屋的档次，但太好的装潢会将龟裂的墙角、发霉的墙壁以及漏水的地板等掩盖住。因此，在实地查看二手房时，必须重点关注房屋的做工，特别是窗沿、墙角以及天花板等收边工序是否处理细致，挑出其中存在的小毛病，进而与原业主讨价还价。对于装潢新而做工粗糙的房屋，则需要买房者特别注意，这可能是其他投资者买来进行低买高卖赚取差价的"投资房"。

◆ 不看窗帘看窗外

由于人们长期生活在被钢筋混凝土所包围的"盒子"里，所以只要房屋周围有点"绿"，就已经觉得很满意了。其实，作为一名合格的买房者，应该认真考虑自己将来的生活环境，这不仅要求小区周围具有很高的绿地覆盖率，还要让这些绿地出现在自己的视野里。

◆ 不看冷水看热水

想要判断出二手房中的水管是否漏水，可以查看水管附近是否有水垢或水是否泛黄。检查淋浴时，则需要打开水龙头，查看水流是否顺畅，然后在洗手池中蓄满水再放水，看看排水系统是否正常。同时，在热水器和天然气都正常的情况下，如果无法放出热水，则说明该房屋已经很久都没人住了，或者是该房屋可能卖了很久都没卖出去。

◆ 看完电梯看楼梯

在越来越多的电梯房中，电梯的质量已越来越重要。有关电梯故障和事故时有发生，这不仅威胁到住户的身体健康，还给住户的生活带来不便。如果买房者选购的二手房是电梯房，则需要仔细察看该楼盘所用电梯的品牌资质，如是否有国家颁发的合格证书等。电梯房的电梯固然重要，但楼梯也不容忽视。查看楼梯中是否有住家的堆积物、消防通路是否通畅等，因为发生危险情况时，楼梯的逃生作用就显得尤为重要。

◆ 不看电器看插座

由于大部分二手房都已经进行过一次或多次装修，而设计精心的房屋，才能充分享受现代化家电的便利性，插座的作用可不能忽略，当然是插座越多且安放的位置越合理，也就越好。

◆ 看完户型看面积

许多买房者看房时，常常将户型列为首位，而忽略了每个房间的面积，此时就需要注意单元内不同空间要有相对合理的面积。从居住功能角度分析，主卧室的合理面积应在 13~14 平方米，客厅的面积要尽量大些，厅内开门的数量应尽量减少，房屋要方正；厨房的合理面积应在 4~5 平方米，卫生间最好干湿分区，三居室及以上应设有两个卫生间。

◆ 地段需要好好看

地段的好坏决定了该二手房的售价，同时也是物业保值、升值的一个重要因素。一般只要有好的道路交通网，离市中心不太远，房价也比较合理的即可。同时，买房者不能轻易被二手房的低价吸引，地段不好的地方一旦买入，想要转出就比较困难。

明察秋毫，细读买卖合同

在二手房交易中，许多买房者往往只是关注房屋的价格高低，而忽略了交易过程中可能出现的问题，对于签订二手房的买卖合同细节更是知之甚少。因此，在二手房的买卖过程中，买房者对合同的签订一定要非常用心，因为一不小心就可能掉入合约陷阱中。

二手房买卖合同有哪些内容

二手房买卖合同是指买房者与卖房者在平等协商的基础上，就房屋的买卖所签订的协议，是一方转移房屋所有权给另一方，另一方支付价款的合同。转移所有权的一方为出卖人或卖方，支付价款而取得所有权的一方为买受人或者买方。

而在二手房交易中，许多纠纷就源自于买卖合同的不完善。那么，二手房买卖合同中应该包括的内容有哪些呢？

◆ **当事人信息（名称或姓名、住所）**：弄清楚当事人的具体情况、地址及联系办法等，以免出现欺诈情况。同时，买卖双方应向对方做详细清楚的介绍或调查，还要写明是否为共有财产、是否夫妻共同财产或家庭共同财产。

◆ **标的**：应该写明房屋位置、性质、面积、结构、格局、装修和设施设备等情况。同时，还要写明房屋产权归属、原售房单位是否允许转卖、是否存在房屋抵押或其他权利瑕疵、是否有私搭乱建部分、房屋的物业管理费用、其他交费状况以及房屋相关文书资料的移交过程。

◆ **价款（该二手房的约定价格）**：主要写明总价款、付款方式、付款条件、如何申请按揭贷款、定金和尾款等。二手房的买卖有时直接约定每套房屋或每幢房屋所需支付的价款，在合同中一般要列一个付款时间进度表，买方按该进度表将每期所需支付的价款交付给卖方。

◆ **履行期限及各种费用支付**：主要写明交房时间、条件、办理相关手续的过程、配合与协调问题；双方应如何寻求中介公司、律师与评估机构等服务；各种税费、其他费用如何分摊；遇有价格上涨、下跌时如何处理。

◆ **违约责任**：主要说明哪些是违约情形，如何承担违约责任；违约金、定金、赔偿金的计算与给付；在什么情况下可以免责，担保的形式、对违约金或定金的选择适用问题。

◆ **解决争议方式**：主要约定解决争议是采用仲裁方式还是诉讼方式，如果买卖双方同意采用仲裁的形式解决纠纷，应按照我国《仲裁法》的规定写清明确的条款。

◆ **合同中止、终止或解除条款**：按照《合同法》第六十八条、第九十一条、第九十四条之规定，合同当事人可以中止、终止或解除房屋买卖合同。有必要在合同中明确约定合同中止、终止或解除的条件，同时，上述情形中应履行的通知、协助和保密等义务；解除权的行使期限；补救措施；合同中止、终止或解除后，财产如何进行返还等。

◆ **合同变更与转让**：在此约定合同的变更与转让的条件或不能进行变更、转让的禁止条款。

◆ **附件**：在此说明本合同有哪些附件及附件的效力等。

二手房买卖合同中需明确哪些事项

不管是做什么，只要涉及一些大额交易时，为了保护自己的合法权益，都需要签订一份合同，二手房买卖同样需要签订合同。目前，由于二手房买卖合同内容的不规范，许多条款没有明确规定，所以很容易引起买卖纠纷，而二手房买卖合同的签订需要明确哪些注意事项？下面就来看看。

（1）明确双方违约责任。由于大部分二手房买卖合同中对违约金的赔付时间没有具体列出款项，容易导致违约方据此拖延支付时间。因此，合同中应加入"买方在实际支付应付款之日起（卖方在实际交房之日起）规定期限内向卖方（买方）支付违约金"的条款，以确保合同条款的最终落实。

（2）标明付款过户时间。在实际交易中，买房者会将房款分为首付和尾款两部分，在不同时间段付给卖房者。因此，卖房者需要明确买房者的付款时间，而同时尾款的支付时间有赖于房产过户的日期，因此买房者有权利知道房产的过户时间。

（3）注明水电费等费用的交接时间。合同中要注明水、电、煤气、物业和供暖等各项费用交接的具体时间。如果是公房交易，对于物业、供暖等费用的交纳时间和标准，原业主的单位是否有些既定要求和更改，卖房者需做出的配合和买房者需签署的协议等，都应在合同中写明。

（4）指明是否存在代理交费的情况。在合同中只写其占总房款的比例，而并没有经纪公司代理费明细单，这中间就会存在信息不对等的情况，最终使买房者的利益受到损害。因此，买卖双方需要让经纪公司明确写明代理费的用途。

（5）学会使用补充协议。签订合同时若遇到条款不明确或需要进一步约定的，要在合同相关条款后或在合同后填写附加条款，在合同中对双方的意思写明，这样可以减少后期许多不必要的麻烦。

（6）必须见房主。买房者为了能够行使自身权利，要求约见房主当面核实房屋信息，这样可以避免出现中介结构"一房多卖"的违规操作。

二手房签"阴阳合同"，可能发生的后果很严重

为了降低交易成本、逃避税费，二手房交易中出现了"阴阳合同"。所谓的"阴阳合同"，是指买卖双方会签订两份交易价格不同的合同，真实的交易价格比较高，但并不提交到税务和房管部门，而是把另一份交易价格比较低的合同备案网签，并按比较低的价格缴纳税费。"阴阳合同"的目的是为了逃避税费，从这个角度讲属于违法行为，同时对买卖双方也都存在着法律风险。

案例陈述

　　吴先生准备通过中介机构出售一套二手房，在基本谈妥房屋价格后，却与买房者李先生因为对交易中的上万元税费承担问题难以达成一致。

　　在中介机构的帮助下，双方最后以 100 万元的价格成交了一套 96 平方米的产权房，由于中介机构承诺可以将税费降到吴先生心理承受的价位，最后税费由吴先生承担，于是双方签订了房屋买卖合同。为少缴税费，中介机构同时又让双方签订另外一份房屋买卖合同，交易的还是这套房屋，但将买卖价格定为 75 万元，作为办理二手房过户手续时使用的合同。

　　其实，签订第二份合同时，吴先生有过犹豫，一方面觉得这样做存在法律风险，另一方面又觉得省下部分税费很划算。在经过一番心理斗争后，还是为了能省几千元钱的费用而铤而走险，就用第二份合同办理了房产过户手续。

　　当一切手续都完成后，李先生因为资金不足，所以尚欠 20 万元房款，后来吴先生多次催讨未果。

　　于是，吴先生就依据第一份合同的约定，要求李先生向其支付剩余的 20 万元房款。而李先生则主张第二份合同约定的价格，认为自己已经多付了 5 万元，不再愿意支付余下的 20 万元，双方为此争执不下。一套房屋交易两份合同，且双方都已经签字，那么应该按照哪份合同来执行呢？

　　从上面的例子中分析，证明房屋的权属转移最有效的方式就是产权转让的登记。由于第二份合同通过了房管部门备案，并进行了房屋产权变更，所以应该按照第二份合同来执行。

过完户才算二手房买卖成功

　　二手房交易流程相较于新房来说要复杂得多，如果买房者不懂买房流程的话，就可能吃大亏。在二手房交易过程中，过户也是一件比较难办的事情，很多二手房买房者和卖房者都有被过户的问题难倒过，本节就来看看二手房过户的相关问题。

二手房过户时间逾期怎么办

　　二手房交易中，逾期过户的情况并不少见，因为逾期过户而引发的纠纷更是常见。那这样说，是不是在二手房过户时可以随意逾期？当然不是。那么这种逾期问题该如何处理呢？

　　买房者或卖房者都有可能想毁约，因此迟迟不去办理过户手续，但买房者想毁约时主要采用不支付房款的方法，所以一般是卖房者不办过户手续。

◆ *买房者特别想买该房屋*

如果买房者特别想要购买该套房子，则一定要尽早起诉，同时为避免卖房者将房屋转卖给他人，最好将房屋进行保全。卖房者在合同约定的交房时间还未交房，除了有一些正当的理由，如买房者未按时付款，否则要对买房者承担违约责任。此时，买房者可以要求卖房者立即过户并赔偿损失。

◆ *买房者不是特别想买该房屋*

如果买房者不是特别想要买该房屋，则可以要求解除合同。但是先要按照合同约定，要求卖房者承担违约责任，向自己支付合同约定的违约金或赔偿经济损失。我国《合同法》规定，出现下列情况可以要求解除合同。

◆ 因不可抗力致使不能实现合同目的。

◆ 在履行期限届满之前，当事人一方明确表示或者以自己的行为表明不履行主要债务。

◆ 当事人一方迟延履行主要债务，经催告后在合理期限内仍未履行。

◆ 当事人一方迟延履行债务或者有其他违约行为致使不能实现合同目的。

◆ 法律规定的其他情形。

卖房者逾期过户属于上述规定的第二条情况，同时根据相关法律规定，买房者可以要求解除合同，并要求卖方承担双倍定金的赔偿责任。

警惕无法过户的二手房

二手房交易中，房屋过户是最后且最为关键的一步。从法律上讲，产权转移后房子才是买房者的，不管之前缴纳了多少费用，没过户前的房屋都属于卖房者。此时，为了避免交了钱房屋却无法过户的情况发生，买房者首先需要了解哪些二手房无法过户。

- **卖房者无法提供不动产证**：没有不动产证的二手房无法过户，到房管部门不能办理手续。只有不动产证能证明房屋归属，如果购买了没有不动产证的房子，买房者将要承担很大的风险。

- **房屋共有人不同意卖房**：房屋共有人通常指房主的妻子或丈夫，买房者在买房时需要得到房主与共有人的同意。如果任意一位共有人突然说不同意房屋买卖，房屋则不能进行交易。即使完成了过户，之后共有人追究起来，买房者也只能退房。

- **卖房者对房屋只有使用权**：卖房者对房屋可能没有产权，只有使用权。例如，某些单位分配的房子，房子一直由职工居住，但是单位并没有将房子的产权转移给职工，此时居住者对房子就只有使用的权利，居住者不能对该房子进行过户。

- **正在出租中的房屋**：在房屋买卖中，有一条"买卖不破租赁"的规定，即房屋买卖不能对抗在先成立的租房买卖。即使房屋产权发生变更，只要租房合同还没到期，租客就有权利住在里面，原租赁合同对承租人和新房主继续有效。

- **违规搭建的房屋**：若房屋属于违规搭建，那么在违建拆除、恢复原样之前，该房屋不能进行买卖、过户以及抵押贷款等操作。

- **被有关部门查封的房产**：被查封的房子可能无法交易，或买房者支付的房屋首付款"打水漂"。房子被查封的原因很多，如卖房者出卖的房屋登记上属于卖房者，但根据规定和家人共有，于是共有人就提起了诉讼，使得房产被查封。如果涉及诉讼房屋被保全，查封周期会很长，房屋被查封期间也是无法过户的。

◆ **还在抵押中的房产：** 未还清银行贷款的房子叫抵押房，只有无抵押状态的房产才能办理过户。购买此类型的房子，买房者需要到银行办理解押。当然，如果房子还做了其他担保抵押，那么只有卖房者还清抵押借款，才能办理解押。

二手房过户时，水电燃气细节别放过

好不容易通过前面的选购看好了一套二手房，等到房屋准备过户的时候，又可能会出现一些过户问题。在二手房的实际交易过户中，有的房屋因为长期欠缴物业管理费而发生买卖纠纷。为了避免类似问题，买房者在购买二手房时，除了要对物业管理费特别注意外，房屋的水电燃气过户也是要注意的问题。

◆ 结清水表账单

对于许多房产来说，买房者与卖房者不需要办理水表过户手续。不过在二手房的交付时，根据买卖合同中的规定，买卖双方需要抄表读数，并且按照实际的抄表数由卖房者结清所欠费用。

◆ 电表过户更名

目前，新建商品房的电表户名基本为业主本人，所以在办理交房手续时除了核对电表读数外，还要买卖双方携带本人身份证件、不动产证以及私章等物件，前往所在地电力营业厅办理电表过户更名手续，并结清该电表的所有欠费。

不过在这之前，买房者需要先查验电表是否存在移动改装的痕迹。因为按电力公司规定，凡发现私自装拆电表箱、私自开启封印及擅自改变计量装置等行为均属违章行为，违者按违章用电处理。

◆ 做好燃气过户

按照燃气公司的规定，在《房屋买卖合同》中必须写明本房价已包含燃气设施费或该燃气设备无偿转让的文字，买房者与卖房者需要带着有该证明文字的《房屋买卖合同》、双方身份证以及卖房者近期的燃气费账单，亲自到燃气部门办理过户更名手续。

如果买卖合同中没有对燃气进行约定或约定不清楚，燃气部门则有理由拒绝办理过户。

◆ 协助有线电视过户

由于有线电视实行一户一卡制，如果卖房者拖欠有线电视费，有线电视公司会做封端处理，此时买房者即无法观看有线电视。因此，买房者可以要求卖房者提交有线电视费收据凭证及有线电视初装凭证。买房者可以凭借这两样资料和新的不动产证，到房屋所在地的有线电视公司办理有线电视过户手续。

所以，二手房买房者在买房过户时，一定要注意上述的 4 项细节问题。如果在过户时没有处理好，后期出现问题再处理时就相当麻烦。因此，为了避免入住之后产生不必要的纠纷，买房者很有必要对这些细节问题进行核查。

准备

户型

地段

朝向

合同

付款

收房

验房

二手房

陷阱

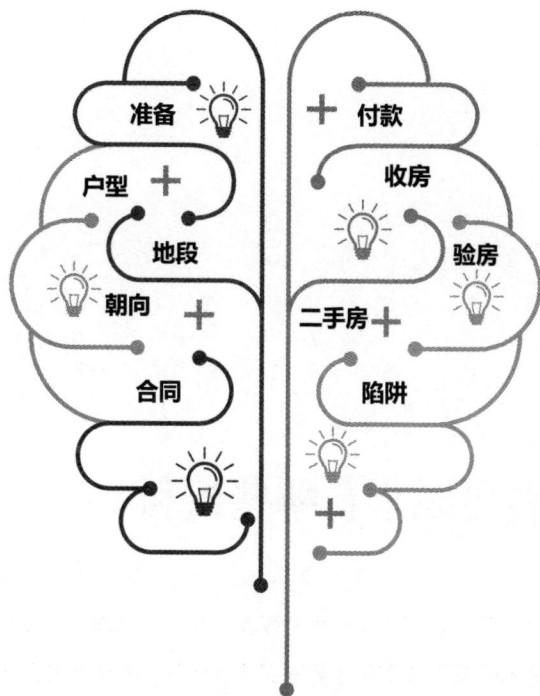

第 9 章
住房交易完成，后期权益如何维护

任何一个买房者都希望住进安全、优质且没有纠纷的新房中，然而有的开发商不仅忽视买房者的权利，还不履行自己的义务，使买房者的合法权益受到严重的侵害。那么，买房者又该如何正确有效地维权呢？此时只有采取合理有效的方式才能达到目的。

买房者可以享有哪些权利

买房者在买房过程中享有哪些权利？如何保障自己的权利？这些权利对自己又有哪些好处？本节就主要对买房者所享有的权利进行介绍，以使广大买房者能迅速地明确自己在买房过程中的各项权利，并合理利用这些权利。

买房者具有的基本权利，你知道吗

对于每个买房者来说，都具有一些相同的基本权利，只有了解并执行这些权利，买房者才不会在买房过程中吃亏。常见的基本权利如表 9-1 所示。

表 9-1　买房者具有的基本权利

权利名称	详情
缔约知情权	1. 开发商的相关信息； 2. 达到商品房销售条件的有关资料和许可证； 3. 商品房规划、设计等有关信息；

续表

权利名称	详情
缔约知情权	4. 商品房建设施工有关信息； 5. 作为合同标的物的商品房质量、面积及环境等有关信息； 6. 商品房权利状态的有关信息； 7. 商品房有无法律禁止转让的情形； 8. 有关商品房销售法律法规
平等协商权	1. 验证签约主体； 2. 检查销售条件； 3. 要求依法履行销售权（包括：不得一房两卖、不得返本销售与不得售后包租或变相售后包租等）
自主选择权	作为买房者，有权自主选择提供商品房的开发商，自主选择购买哪套房屋。在自主选择房屋时，有权进行比较、鉴别和挑选
公平交易权	在购买房屋时，买房者有权获得质量保障、价格合理和计量正确等公平交易条件，有权拒绝经营者的强制交易行为
全面协商权	买房者有权要求与开发商就房屋买卖相关事宜进行全面的协商，要求房屋买卖合同条款完备全面
依法强制约定权	买房者不仅有权依法要求将开发商广告或宣传资料的明示事项在合同中约定，还有权要求按照不同的计价方式约定法律法规要求应当约定的事项
预售合同备案权	商品房预售合同必须到房地产主管部门备案
追究缔约过失责任权	当事人在订立合同时有下列情形之一，给对方造成损失的，应当承担损害赔偿责任： 1. 假借订立合同，恶意进行磋商； 2. 故意隐瞒与订立合同有关的重要事实或者提供虚假情况； 3. 有其他违背诚实信用原则的行为
认购保障权	在实际操作中，买房者往往以认购书、预订书等形式认购商品房，但很多认购书、预订书中的定金条款被虚化，使买房者的认购权益得不到保障
依法依约自行验收权	买房者有权按照法律规定和合同的约定，亲自全面检验房屋、要求开发商出具工程通过竣工验收与综合验收有关资料、要求开发商出具实测面积资料以及自行到现场按照合同约定的项目检验房屋

续表

权利名称	详情
变更合同权	当事人协商一致时可以变更合同。因为买房者的重大误解而订立的合同、在订立合同时显失公平，以及被开发商以欺诈、胁迫的手段或者乘人之危，使买房者在违背真实意愿的情况下订立的合同，买房者有权请求仲裁机构变更或撤销合同
规划、设计变更获知权	开发商不得擅自变更规划和设计，若是经规划部门批准规划变更或设计变更，需要在 10 日内通知买房者
规划、设计变更退房权	如果规划、设计已经发生变更，且开发商通知了买房者，买房者可以在 15 天内决定是否退房；若开发商未通知买房者，则买房者可以退房，且无明确的时间限制
要求依约按期交房权	买房者有权要求开发商按照合同约定，将符合交付使用条件的房屋按期交付给自己
要求质量保修权	买卖双方应当在合同中就保修范围、保修期限及保修责任等内容做出约定，保修期从交付之日起计算。若在保修期限内发生属于保修范围的质量问题，开发商应当履行保修义务，并承担相应的赔偿责任

当然，除了上述常见的基本权利，买房者还具有一些其他的基本权利，如要求提供《住宅质量保证书》和《住宅使用说明书》的权利、要求协助办理产权变更和登记手续的权利、依法委托重新检验工程质量的权利以及追究违约责任权和索赔权等。

房屋共有人有什么权利

房屋共有是指由两个或两个以上的公民、法人共同拥有该房屋的权利和应承担的义务。共有房屋一般分为两种形式，分别是按份共有和共同共有。

所谓按份共有，是指房屋共有人按照各自的房屋份额对共有的房屋分享权利和承担义务。例如，3 个人共同出资购买房屋，其中一人出资总金额的 1/2，另外两人各出资总金额的 1/4，如果他们议定以出资份额作为该房屋所有权的占有份额，那么各人享有的份额就不同，也就应该各自按自己所有的份额享有权利并承担义务。如果将该房屋出租，占 1/2 份额的共有人就有权得到一半的房租，而其余两个共有人则只能各得到 1/4 的房租。在支付房屋相关费用时，如物业管理费、税费等，也应按这一比例分别承担。

所谓共同共有，是指房屋共有人对共有房屋分享权利和承担义务。例如，配偶之间对房产的共有，除了双方另有约定的外，一般均为共同共有。

对于一些形成时间较久的共有房产，有的买房者主张按份共有，有的买房者主张共同共有。其实，这很好区分，如果共有人不能提供足够的证据来证明各自的份额，应认定为共同共有。那么，共有人具有哪些权利呢？具体介绍如下。

◆ 要求分出自己份额权

按份共有人在不影响整栋房屋经营管理的前提下，可以要求分出自己的份额，否则只能由其他共有人作价补偿。而共同共有人则不能在共有的房产中分出自己的份额。

◆ 处分自己份额权

如果是按份共有人，则其对自己享有的份额有单独处理的权利，如出卖、赠与及抛弃等。

◆ 共有房产的分割

共同共有关系终止，主要包括共有人死亡、婚姻关系终止等情况。对于共同共有房产的分割，有协议的按协议分割，无协议的应对共同共有房产进行等分，最常见的是采用折价进行分割。不管是哪种分割方式，原则上都应考虑共有人对共有房产的贡献大小来判断。

◆ 房屋共有人的优先购买权

如果是按份共有的共有人出卖自己的份额，则其他共有人在同等条件下具有优先购买权。所以按份共有人在出卖自己所占房屋份额时，应预先通知其他共有人，只有其他共有人不购买时才能出卖给其他人。

当然，在共同共有的房产分割完毕后，一部分房产所有人可能会出卖其所有房产，如果该部分房产作为未分割前共同房产的一个整体或配套使用，那么另一部分房产所有人享有优先购买权。

业主享有的权利与应尽的义务

业主是指物业的所有权人，可以是自然人、法人和其他组织，可以是本国公民或组织，也可以是外国公民或组织。根据《物业管理条例》第六条规定，房屋的所有权人为业主。那么，成为业主后具有哪些权利并承担哪些义务呢？

（1）业主的权利

业主的主导地位主要是通过业主享有的权利来体现，业主的权利包含专有部分的所有权、共有权和共同管理权，具体介绍如下。

◆ 专有部分的所有权

业主对于建筑物内专有部分的住宅、经营性房屋具有占有、使用、收益和处分的权利。

◆ 共有权

业主的共有权是指使用权、收益分配权、危险和妨害的排除请求权，主要包括 3 个部分：第一，区分所有建筑物共有部分的共有权以及建筑区划内配套建设的公共场所、场地、设施的共有权；第二，共有道路、车位的共有权；第三，建筑物区划内配套建设的车位、车库的法定用役权。

◆ 共同管理权

共同管理权是物权法提出的一个新概念，是区分所有权的一个权利，是指维护共有部位、共有物理性能以及保证配套设施运行的权利。根据《物业管理条例》规定，业主在物业管理活动中，享有下列权利。

① 按照物业服务合同的约定，接受物业服务企业提供的服务。

② 提议召开业主大会会议，并就物业管理的有关事项提出建议。

③ 提出制定和修改管理规约、业主大会议事规则的建议。

④ 参加业主大会会议，行使投票权。

⑤ 选举业主委员会成员，并享有被选举权。

⑥ 监督业主委员会的工作。

⑦ 监督物业服务企业履行物业服务合同。

⑧ 对物业共用部位、共用设施设备和相关场地使用情况享有知情

权和监督权。

⑨ 监督物业共用部位、共用设施设备专项维修资金的管理和使用。

⑩ 法律、法规规定的其他权利。

（2）业主的义务

作为业主，在享受权利的同时，也要清楚自己需要履行的义务。根据《物业管理条例》第七条规定，业主在物业管理活动中，需要履行下列义务：

① 遵守业主公约、业主大会议事规则。

② 遵守物业管理区域内物业共用部位和共用设施设备的使用、公共秩序和环境卫生的维护等方面的规章制度。

③ 执行业主大会的决定和业主大会授权业主委员会做出的决定。

④ 按照国家有关规定交纳专项维修资金。

⑤ 按时交纳物业服务费用。

⑥ 法律、法规规定的其他义务。

小贴士

在日常物业管理中，业主还可以决定一些事项，具体包括：制定和修改业主大会议事规则；制定和修改管理规约；选举业主委员会或者更换业主委员会成员；选聘和解聘物业服务企业；筹集和使用专项维修资金；改建、重建建筑物及其附属设施；有关共有和共同管理权利的其他重大事项。

开发商应履行的义务有哪些

许多买房者在买房前后，常常会碰到开发商在某些义务上没有履行到位，如没有及时地通知买房者某些事项或刻意隐瞒某些事项。此时，买房者就会考虑：开发商是否对此负责？开发商的义务有哪些？开发商不履行义务怎么办？本节就来对此做出解答。

开发商有向买房者明示及告知义务

房屋买卖过程中，有些开发商对买房者应当知晓的内容不予告知，严重侵害了买房者的知情权，由此造成开发商与买房者之间的矛盾日益激烈。其中，开发商的告知义务分为法定告知义务和约定告知义务。

法定告知义务是指法律、法规等明确规定的开发商应当履行的告知义务；约定告知义务是指开发商与买房者双方在订立合同时，双方约定的由开发商履行的告知义务，约定的告知义务仅仅对开发商与买房者双方具有约束力而不涉及其他第三人。那么，开发商都有哪些告知义务呢？

《商品房销售管理办法》《物业管理条例》为开发商设定了诸多明示、通知、告知或说明义务。在商品房买卖过程中，买房者有权要求开发商履行如下告知义务。

◆ **提示说明合同格式条款**：开发商未对合同格式条款尽到充分提示说明义务的，买房者根据《关于适用〈中华人民共和国合同法〉若干问题的解释（二）》第六条以及第十条等法律、法规的规定，向人民法院提起撤销或确认无效诉讼，这样的案例比比皆是。

◆ **规划设计变更通知**：根据《商品房销售管理办法》第二十四条规定，若买房者所购买的房屋发生了规划设计变更，且将导致房屋的空间尺寸、朝向、结构形式、户型变化以及出现合同约定的其他影响商品房质量或者使用功能情形的，开发商应当履行告知义务，将规划设计的变更情况如实告知买房者，而买房者有权做出是否退房的选择。

◆ **说明实际交房与建筑沙盘、样板房是否一致**：在商品房销售过程中，开发商往往设置了建筑沙盘和样板房，根据《商品房销售管理办法》第三十一条规定，开发商应当说明实际交付的商品房质量、装修材料及设备等是否与建筑沙盘或样板房一致。

◆ **"产品"安全提示**：产品包括商品房本身以及房屋内置的一切装饰装修、家居家电以及设施设备等部品，开发商不仅应对所售商品房质量负责，还应对内置一切部品质量承担保修责任和产品安全提示义务。

◆ **告知房产已设定抵押**：在商品房买卖过程中，如果该商品房或土地已被开发商设定了抵押的，那么开发商应当如实告知买房者该房或土地已设定抵押的相关情况。如果开发商未履行告知这一义务，将按上述法律规定承担法律责任。

◆ **明示相关法律、法规和合同文本**：根据《商品房销售管理办法》第四十二条的规定，开发商应该履行按照规定向买受人明示《商品房销售管理办法》《商品房买卖合同示范文本》和《城市商品房预售管理办法》等法规及合同文本的义务。

开发商交房应尽的四大义务

在商品房买卖过程中，开发商应当按照与买房者签订的《商品房买卖合同》《补充协议》及其附件中所约定的标准，向买房者交付商品房。同时，根据我国相关法律规定，商品房交付过程中，开发商至少应承担以下 4 种义务。

◆ 将符合交付使用条件的商品房按期交付给买房者

根据《商品房销售管理办法》第三十条规定："房地产开发企业应当按照合同约定，将符合交付使用条件的商品房按期交付给买受人。"即开发商有义务按期向买房者交付符合使用条件的商品房。

其中，交付使用条件既包括合同约定的交付使用条件也包括法定的其他交付使用条件。合同约定的交付使用条件一般是指商品房的面积、户型、尺寸、朝向、装饰、装修、设备标准、上下水、电、燃气、暖气、小区道路以及绿化会所等项。

◆ 出示商品房竣工验收合格的文件及房屋实测面积数据

如果开发商不能向买房者出示《建设工程竣工验收备案表》及提

供房屋实测面积数据，买房者则有权拒绝接收房屋，开发商应承担逾期交付房屋的违约责任。

◆ 向买房者提交"两书"

根据原建设部指定的《商品住宅实行住宅质量保证书和住宅使用说明书制度的规定》第三条规定，房地产开发企业在向用户交付销售的新建商品住宅时，必须提供《住宅质量保证书》和《住宅使用说明书》。

◆ 通知买房者办理入住手续

开发商通知买房者办理入住手续时，内容包括办理入住手续的时间、地点，买房者需要携带的文件、资料，买房者需要交纳费用说明，提醒买房者因自身原因未能在规定的期限和地点办理入住手续的法律后果等。同时，买房者前来办理入住手续时，开发商还要配合买房者查验、接收房屋。

开发商不履行义务该怎么办

开发商不履行合同义务怎么办？相信很多买房者在买房时都会遇到这样一个让人头疼的问题，下面就来看看遇到这种情况时可以采取怎样的方法来解决。

如果开发商不履行的告知义务关系到房屋的质量、结构等重要问题，那么买房者有权要求解除合同并取得赔偿；如果开发商满足了法律、法规规定和双方合同约定的条件交付新建商品房的，就应认定开发商履行了交房义务，则买房者应当依据合同的约定接收已买商品房；如果开发商未履行交房义务或交付的房屋不符合条件，买房者可与开发商协商解决。

若协商不成功，则买房者可以按照房屋买卖合同中约定的条款进行仲裁或通过向法院起诉等途径来解决与开发商之间的纠纷。

案例陈述

陈小姐在某市购买了一套商品房，在与开发商签订商品房购买合同时，约定买房款中含水电开户费，交房时水电需要全通。但开发商却将小区用电开户以房地产公司名义在供电部门立户，供电部门每月抄总电表，而不是向小区的每家每户抄表收费。

一年后，供电部门向该小区发出紧急通知，通知的主要内容是鉴于目前用电处于无人管理的现状，经对小区用电设施实地勘察，小区部分低压工程存在安全隐患，且未经供电部门勘察、设计、施工和验收，需要将原 50 平方毫米铝芯电缆更换成 95 平方毫米铜芯电缆，对其进行改造，合格后方可接管。

于是陈小姐所在小区的业主联合在一起，并选择了一名业主作为代表人，向法院提出了诉讼。他们的讼法依据是：因为开发商没有按合同约定为原告办理用电开户，一户一表，且没有承担小区供电设施不合格或存在安全隐患的责任。

从上面的例子中可以看出，开发商确实没有履行义务。根据《合同法》第六十条规定，当事人应当按照约定全面履行自己的义务。开发商在履行合同的过程中，不仅要履行交付房屋等义务，还要按合同约定，履行到电力部门办理开户手续、消除用电隐患及对原存在隐患的电路进行改造的义务。

买房者遇到房产纠纷怎么办

在楼市一片看好的背后，因为房产问题而出现的维权事件也接连不断地发生，定金不退、建筑质量问题、产权证办理难、面积缩水以及楼盘虚假宣传等现象层出不穷，进而引发房产纠纷。房产纠纷涉及不动产权益纠纷，买房者需要谨慎处理以维护自己的合法权益。

房产交易纠纷怎么解决

房产纠纷是由于房产的交易或者转让、继承等行为引起的纠纷类型，按其法律性质可分为民事性质的房产纠纷和行政性质的房产纠纷。不同的房产纠纷具有不同的处理方式，具体介绍如下所示。

◆ **房屋引发的民事纠纷、归属纠纷：** 凡以房屋为标的物的房屋使用、买卖、租赁、典当或抵押等民事行为发生的纠纷，以及与房屋相关联的房屋装修、装潢、设计或附属设施的归属纠纷，买房者都可以直接向人民法院提起民事诉讼。

◆ **拆迁不当引发的纠纷**：如果拆迁人与被拆迁人因为拆迁补偿、安置等发生纠纷，双方协商达不成协议的，由批准拆迁的主管部门或房屋拆迁主管部门的同级人民政府裁决。若当事人对裁决不服的，可在接到裁决书之日起 15 日内向法院起诉。

◆ **单位内部建房、分房引发的纠纷**：单位内部建房、分配公房使用权，是单位内部行政管理行为，职工对分房有意见或者单位分房不合理引起的纠纷等不属于法院受理范围，而应由本单位或者有关行政部门解决。

◆ **职工离开单位后引发的纠纷**：单位分给职工住房使用权并订有分房合同，职工由于本人原因离职、辞职或被单位开除时，单位根据合同要求收回公房使用权，由此引起的纠纷可向法院提起民事诉讼。

◆ **建筑不当引发的纠纷**：因为有关部门审批建筑不当，影响到其他人房屋的通风、采光或者由于污染引起的纠纷，当事人可向有关部门申请解决，也可以向法院提起行政诉讼。

◆ **违章建筑引发的纠纷**：因违章建筑引起的房产纠纷，以及因违章建筑的认定、拆除引起的纠纷，行政机关不依法处理或处理不当，当事人存在意见，则可以作为行政案件提起诉讼。但当事人以违章建筑物为标的发生的买卖、租赁、抵押等民事纠纷以及因违章建筑妨碍他人通风、采光等引起的相邻纠纷，可以作为民事案件向法院起诉。

买房一定要小心四大房产纠纷

在买房过程中，稍不注意就可能会卷入房产纠纷中。买房前的广告欺骗、买房时的霸王合同以及交房时的质量问题等都会让买房者头疼不已。下面就来介绍一些买房过程中容易出现的房产纠纷，买房者在买房时要尽量注意这些问题。

（1）广告欺骗。楼盘广告铺天盖地，许多买房者也相信广告效应，但广告只能说是一种营销方式，并不能说明所营销的房子就很好。在选购房子时，除了要实地看房，还要查看房地产商的营业执照和"五证两书"。另外，交房时开发商是否提供"一表两书"，即《竣工验收备案表》《住宅质量保证书》和《房屋移交书》，也需要注意。

（2）霸王合同。虽然购房合同有统一范本，但往往还是会有开发商基于某些原因而在合同中加入对买房者不公平的条款。虽然买房者有权要求修改合同，但要购买该开发商的房子就必须签订这样的霸王条款，毕竟买房者是弱势群体，很难和开发商抗衡。

（3）房屋质量。房屋质量对买房者来说，不仅关系着居住安全，也影响着生活品质。然而，有的开发商为了节约成本，所修建的楼盘总是存在各种问题，严重损害了买房者的合法权益。所以买房者不仅要做好验房过程，对于不符合质量要求的房屋，还要通过法律途径维权。

（4）面积缩水。由于依据图纸修建的房屋面积不可能精确到100%，因此有关部门制定了3%的面积浮动。然而，许多开发商的房屋面积误差率超过了浮动范围，即买房者交了买房款但获得的面积减少了。此时，买房者在签订购房合同时，需要把建筑面积与套内建筑面积都做约定。

房产纠纷官司中需要注意的问题

由于房屋买卖的标的额巨大，所以很容易产生纠纷。在房屋买卖纠纷产生后，当事人协商不成功，可能就会通过诉讼（打官司）的方式来解决。对于买房者来说，打房屋买卖官司要注意什么事项，才能更好地维护自己的权益呢？常见的注意事项如下所示。

◆ 出现房产纠纷后，向哪级人民法院起诉

房产属于不动产，根据我国《民事诉讼法》的相关规定，因不动产纠纷提起的诉讼，由不动产所在地的人民法院管理。因此，出现房产纠纷后，根据纠纷所涉及的标的大小，当事人可以向该房产所在地的人民法院提起公诉。

◆ 当事人订有仲裁协议，能否向法院起诉

根据我国《仲裁法》的相关规定，当事人达成仲裁协议的，一方向人民法院起诉，人民法院将不会受理，不过仲裁协议无效的除外。

◆ 当事人不服的房产纠纷，可向人民法院起诉

拆迁纠纷、拆迁人与被拆迁人对拆迁补偿以及安置等达不成协议的，由批准拆迁的房屋主管部门裁决，如果当事人不服此裁决的，可以在接到裁决书之日起 15 日内向人民法院起诉。

◆ 产生房屋纠纷到法院诉讼需要交纳哪些费用

当事人提起诉讼，必须先交纳一定的诉讼费用。一般情况下，诉讼费用由原告方预交，败诉方承担。依据《人民法院诉讼收费办法》中房屋诉讼的案件受理费的收费标准，再按照争议的性质及争议财产的价值，实行比率递减的原则计算收取。

同时，当事人还需要交纳其他诉讼费用，也就是人民法院在审理房屋纠纷案件中实际支出的，且依法应当由当事人支付的费用，如鉴

定费和评估费。法律文书生效后，负有义务的一方未自觉履行义务时，另一方向人民法院申请强制执行的，应向法院预交执行费，执行费按规定由被执行方承担。如果委托了代理律师，则需要向代理律师所在的律师事务所支付律师代理费。

◆ 出现房产纠纷后，如何写民事诉状

民事诉状是原告向法院提起诉讼的书面依据，主要应该写明以下事项。

（1）当事人的情况。写明原告和被告的姓名、性别、年龄、民族、职业、工作单位、住所及联系电话等。当事人是法人或其他经济组织的，应写明该法人或其他经济组织的名称、住所和法定代表人或主要负责人的姓名、职务及联系电话等。

（2）请求事项。写明请求人民法院依法保护自己合法权益的要求，请求事项需要写得具体明确。

（3）依据的事实和理由。该部分主要应该写清楚民事法律关系存在的事实、发生争议的焦点、起诉依据的法律法规名称及具体条款。

（4）结尾内容。结尾部分应写明受诉人民法院的名称，并由当事人签名或盖章，注明起诉的年月日。

（5）证据。即起诉依据的产权证、公证书、契税凭证、合同、往来信函和视听资料等一切能证明客观事实的材料。

准备

户型

地段

朝向

合同

付款

收房

验房

二手房

陷阱

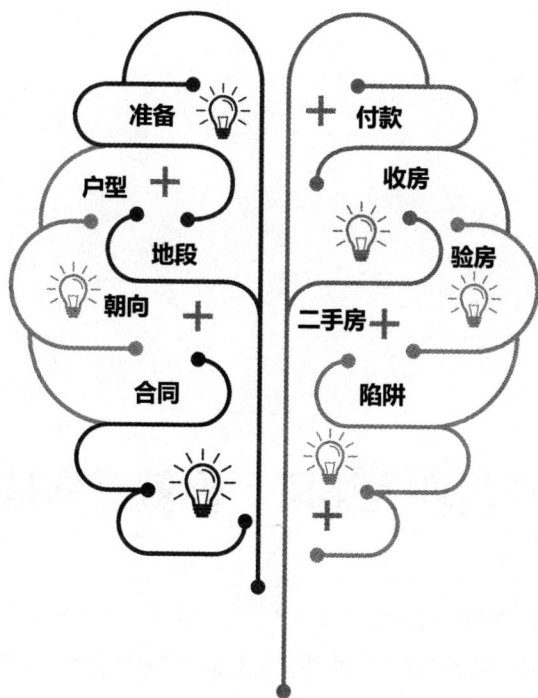

第10章
买房陷阱何其多，你不防范就认栽

对于没有购房经验和购房知识的群体来说，因对买房陷阱的警惕性不够造成严重损失的案例并不在少数。相信经过前面章节的了解，已经大大降低了买房的风险，但在本书最后阶段，我们将再对一些买房中常见的陷阱进行介绍和梳理，希望能加深印象，加强认识，将风险发生的概率降到最低。

房产广告四大陷阱，你就这样被忽悠了

房屋是老百姓最大的个人资产，为了规范房地产市场，维护老百姓的权益，工商行政管理局专门发布了《房地产广告发布暂行规定》，其中对房地产广告必须真实、合法、科学、准确以及符合社会主义精神文明等内容进行了特别的说明。但在实际生活中，无处不在的房地产广告，可以说是在尽情"忽悠"老百姓，进而使老百姓毫无察觉地掉入陷阱。因此，老百姓在买房时，一定要多看、多查，而不是一味地听信广告。

馅饼还是陷阱？不要被"零首付"给忽悠了

这几年，各大楼盘为了吸引买房者的眼球，推出了"首付一成""首付两成"的促销活动，其实这已经屡见不鲜。因为随后又出现了"零首付"的买房购房优惠，对于手上资金不足但又急于买房的买房者来说，"零首付"无疑是一个非常具有诱惑力的"馅饼"，不少人跃跃欲试。

所谓"零首付"买房主要有两种方式，一种本质上等同于分期首付，即买房者不支付或者支付少量首付，开发商给买房者几个月或一年的时间，把剩余的首付凑齐再去申请房贷。另外一种是做高合同价，虚假贷款，此种"零首付"买房操作起来比较困难，同时也增加了买房者的买房风险。

开发商之所以要这样做，主要是因为各地房地产市场频频降价，使得一些开发商被迫采取促销办法，以便可以快速回收现金流。这看似"免费午餐"的背后，却暗藏着巨大的风险，具体如下所示。

◆ **无法实际拥有房屋所有权**：开发商采用"零首付"的营销手段，违背了国家规定首套或二套住房贷款首付比例的政策要求。同时，由于买房者并没有真正交付首付款，也就无法真正拥有所购买房屋的所有权，银行在发放贷款时，必然会增加贷款风险。

◆ **面临买房无效的情况**：如果不具有买房资格的买房者与开发商签订了"零首付"的购房合同，那么可能会面临买房无效的尴尬境地。同时，买房者按期偿还给开发商或中介机构的房屋首付款也可能无法索回。

◆ **被追究法律责任**：由于"零首付"是由开发商预先垫付或虚拟抬高房价，首付款基本是通过银行贷款的方式来获得，也就说明开发商和买房者签订的合同可能存在法律争议，严重时可能因此被追究法律责任。

因此，可以说开发商推出的"零首付"根本就是虚假宣传。对于买房者来说，超低首付或零首付并不是减免首付款，而是分期付，虽然暂时缓解了贷款买房的压力，但最终还是需要在规定的时间内还清款项。而这段时间内，买房者则有可能会面临房屋首付、月供以及交房时所交税款等各方面的资金压力，这不仅会影响到自己的生活品质，还可能因为无力还款而带来违约风险。

所以买房者在面临"零首付""零元购"时，一定要多加考虑权衡才行，因为这并非"零压力""零风险"，千万不要被开发商的各种噱头冲昏头脑。

赠送面积让购房者情不自禁

飘窗、露台以及入户花园的面积全部赠送，一房变两房、两房变三房……许多买房者一听说有赠送或半赠送面积，就会觉得非常实惠和划算，也就不会多加考虑直接签单购买。买房者真的获得优惠了吗？如果开发商真的有心让利，直接降低房价就行，何必非要多此一举地赠送面积呢？下面就来看看赠送面积行为中存在哪些"猫腻"。

◆ 阳台

全封闭阳台算全面积，未封闭阳台算半面积。有的销售人员称将未封闭的阳台半赠送给买房者，这种说法其实是不合理的，因为半封闭的阳台本来就只算一半面积。半封闭阳台不算面积，全封闭阳台只算一半或者不算建筑面积，才是真正的赠送或半赠送。其他阳台赠送面积都是售楼员在忽悠购房人。

◆ 露台

露台也就是顶盖对着天空的阳台，且不属于房屋户型的部分。按照相关的规定，露台不计入建筑面积。而一些销售人员为了提高销售业绩，就大肆宣传买房赠露台，这本来就应该是买房者免费获得的。不过，存在一个特殊情况，如果露台是其他业主不能进入的独立空间，那么开发商有权将其指定或转让给某个业主。

◆ 飘窗

飘窗不一定会被计入到建筑面积中，这主要取决于飘窗台到天花板的高度。如果高度低于 2.2 米，则不计入房屋建筑面积；反之，则计入房屋建筑面积。而销售人员如果向买房者宣称"赠送超大飘窗"，且是低于 2.2 米高的落地窗，这种赠送的说法就不成立。

◆ 阁楼

前面讲解到过，许多开发商喜欢用"买顶层，送阁楼"的方式来吸引买房者。其实，阁楼不仅仅是顶层房屋才有的，其最直观的理解就是在楼层中附加的楼层。例如，房屋的层高为 3.8 米，在房间的 2.4 米处增加了一个房间。

其中，不同的层高决定了阁楼是否计入建筑面积，通常等于或高于 2.2 米的阁楼才会被计入到建筑面积中。而销售人员所说的"赠送阁楼"，基本上都是低于 2.2 米的夹层，这本来就是不被计入到建筑面积中的部分。

◆ 入户花园

入户花园是否会被计入到建筑面积中，主要分为 3 种情况。

（1）有顶、全封闭、在套内和一户专用，应该计入该户套内面积。

（2）有顶但有两户或多户住宅围合，公用性质，应该计入公摊面积。

（3）无顶的花园，不计入建筑面积。

目前，销售人员最常用的手段是把无顶的花园当作建筑面积，然后说是赠送给买房者的，进而让买房者产生买到便宜的错觉。

一般情况下，所谓的赠送面积，都是买房者通过其他方式为其买单，即"羊毛出在羊身上"。买房者在购买房屋时，还是要优先考虑自己的住房需求，不要被"赠送面积"所迷惑，因为"赠送面积"不仅会增加装修成本，还可能对自己的户型产生影响。

房屋配套设施虚假宣传

在房地产市场中，开发商在商品房预售时进行虚假宣传已经是一种比较常见的现象。其中，最常见的就是开发商对各种配套设施做出夸大性或虚假性的宣传，买房者往往上当受骗。

案例陈述

秦先生在2015年8月搬进了自己新买的某别墅小区中，但是令一家人都想不到的是，小区的实际情况与开发商在预售楼盘时所做出的承诺大相径庭。

开发商在别墅区围墙及围墙内侧通道的地基上增建了别墅，大部分空地则改建为绿地卖掉了，导致全封闭管理永久性地不能恢复。同时，小区中的网球场、游泳池等设施也租给外来人员用作商业经营。特别是盼望已久的上千平方米的俱乐部场地，也在2016年年初装修完工后，一夜之间竟然转给了其他人，成为一家商业酒店，并且业主还无权享用。

小区的绿化率仅为35%，即价值超千万元的4亩土地被割舍掉。另外，超市、医疗、保健以及银行等生活设施不见踪影，秦先生一家的生活服务极为不便，想要购买一些生活用品还必须开车出小区到较远的地方购买。因全封闭、全方位的管理成为一纸空文，小区中也经常发生偷盗事件，这使得整个小区业主的财产受到严重的威胁。

对此，其他业主也认为自己受到了欺骗，然后大家联合在一起，针对开发商欺诈、虚假宣传的行为，与物业公司和开发商进行了交涉。在多次交涉无果的情况下，就以业主委员会的身份向当地法院提起诉讼，要求开发商对业主们进行赔偿。

不过，法院以《商品房购销合同》没有对该俱乐部的产权归属做出约定，且建设房屋时售楼广告中也没有涉及上述俱乐部的产权归属问题，因此业主个人主张其对俱乐部享有所有权并无合同依据，驳回业主的诉讼请求。

从上面的例子中可以看出，秦先生他们对于配套设施的欠缺问题进行的诉讼没有成功，主要是因为开发商的承诺都是广告和宣传资料上提到过，并没有明确小区的配套设施归属业主所有，更没有写入合同中，所以业主们提起诉讼缺乏有力的证据支持。因此，买房者在交纳定金或签订合同时就要特别注意这些事项，最好将其作为补充条款增加到合同中。

楼盘规划很美好，沙盘陷阱却不少

许多买房者只关注房屋本身，而对沙盘缺少关注度，甚至对其只是"轻轻一瞥"。与前面介绍的各种选房购房技巧相比，沙盘的作用可能并没有那么明显，但它却可以在买房者心中埋下一颗"种子"，也就是对楼盘有一个基本的评价。

不管是买期房还是现房，买房者首先接触的就是设计精美而大气的沙盘图。只要销售人员一指，买房者就能看到自己中意的房屋在整个小区的位置、朝向、周边环境和享有的配套设施。可以说，沙盘就是整个楼盘规划的缩影，但沙盘也是经过开发商包装过的替代品。可能等到房屋交付时，很多买房者才会发现，沙盘中那些美丽的绿化、超宽的楼间距以及宽大的游泳池等，其实根本不存在。此时，买房者可能已经掉入了开发商制作精美的沙盘陷阱中。

（1）五大常见的沙盘陷阱

沙盘图的规划很美好，但背后却隐藏着可怕的陷阱，此时买房者需要多看、多问，从客观的角度看待沙盘，才不会掉入这些陷阱。通常，沙盘会有五大陷阱，具体介绍如下。

◆ 不利因素莫名消失

沙盘是要严格按照实际图纸制作的，可有些设备设施，就算图纸上有，开发商也会主动将一些生活必备的设施忽视，其主要目的就是让沙盘看上去更加完美。如电房、水泵房、地下车库的出入口，甚至是垃圾站，导致很多买房者在不知情的状况下住进了垃圾站旁的房子。对此，大多数业主只能无奈地接受。

◆ 沙盘楼距比实际更宽阔

调低楼高、调大楼间距，已经成为许多开发商制作沙盘的基本规则。许多买房者在观看沙盘时，看到沙盘的楼房错落有致、宽松通透，销售人员也一再承诺有 25 米宽楼距，可实际楼距却连 15 米都不到。当买房者最终拿到房屋时才发现，实际楼房间距并没有沙盘上显示的那么宽。这主要是因为开发商为了吸引买房者的眼球，对沙盘的楼间距进行了调整，在楼与楼、路与路之间也尽量利用绿化来渲染。此外，买房者往往用俯视的角度看沙盘，这也会形成楼距更宽的视觉假象。

◆ 距离被拉近

买房者在观看沙盘图时，许多销售人员都会有类似的介绍。例如，距离某某地铁站只有 1 公里，或者距离某某商场只要 10 分钟等。这里的 1 公里可能是按比例尺计算出来的距离，不是实际的行走距离，即"两点之间直线最短"，也就是说，两个位置之间可能根本就没有路可走。而这里的 10 分钟，更有可能是开车的时间，而不是步行的时间。

◆ 周边配套不兑现

许多销售人员总是指着沙盘，然后信誓旦旦地承诺规划中的各种配套。可买房者如果等了几年还看不到所谓的配套设施落实，销售人员就会说这是政府项目或政府规划，正在规划之中。当楼盘中的房子都卖光了，规划都没落实，买房者就只有认栽了。

◆ 伪造宽敞明亮的户型

由于户型是买房者重点关注的选房因素之一，所以沙盘图中的户型都会做得使人感觉到宽敞、明亮。但是买房者真的入住之后才会发现，自己的房子可能一天到晚都没有阳光、通风非常不畅等。

（2）如何看懂沙盘

既然开发商在沙盘图中埋下了这么多的陷阱，那买房者又该如何去看楼盘的沙盘呢？此时可以通过以下几点来看。

◆ **看小区整体规划**：沙盘上小区密度是否过大、建筑与景观的搭配是否协调、公共设施的分布是否人性化、内交通的分布是否合理以及小区与周边环境的关系等。小区的整体规划对居住质量影响非常大，买房者需要慎重考虑。

◆ **看开盘区域及楼栋朝向：** 楼栋朝向决定着房屋的采光、通风以及窗外景观等，所以它的重要性不言而喻。由于大多数楼盘都是分期开发，在总揽全局之后，买房者就需要通过沙盘重点关注楼栋及其周边的情况。

◆ **看绿地：** 为了让沙盘更加赏心悦目，开发商通常会在沙盘中添加大片绿地，从而营造出绿化率很好的假象。此时，买房者就需要问清楚沙盘上的绿化建设与实际是否一致，最好要求开发商将具体的绿化面积、分布情况等写入合同中。

◆ **看公共设施具体位置：** 沙盘中常会把小区内的变电站、垃圾箱、化粪池以及地下车库出入口等隐藏、模糊或偏移，然后用绿地代替。此时，买房者，特别是准备购买低楼层的买房者需要问清楚这些公共设施的具体位置、高度及与楼栋之间的距离。

◆ **看小区内不明确建筑物：** 沙盘中常会看到一些用有机玻璃做成的透明小方块，这可能是小区内的公共设施，也可能是待规划中的建筑物。这些不明建筑物可能在后期被规划出来，并且可能对居住生活带来负面的影响。因此，买房者一定要问清楚，最好将其添加到合同中。

◆ **看周边：** 楼盘周边的公共用地和其他楼盘常常会制作到沙盘中，所以买房者一定要向销售人员了解清楚。根据法律规定，开发商对沙盘模型内关于楼盘内具体情景的解读是有效的，楼盘外的则无效，也可以不涉及。即楼盘外有铁路、高压线、电视塔以及垃圾中转站等，即使开发商不告知买房者，买房者也不能因此与开发商产生纠纷，甚至要求赔偿。

买期房，小心掉进"实惠陷阱"

期房销售制度的目的之一是增加住房供应量，缩短住房供应周期，满足国内庞大的住房需求。但由于各地执行能力的差异和监管的不到位，期房销售一直存在或多或少、或明或暗的问题。因为期房比现房价格便宜，许多人都愿意购买期房，可如果买房者不太懂行，那可能掉进甜蜜的"实惠陷阱"。

买期房时，如何绕开烂尾楼陷阱

烂尾楼曾经一度被人形象地比喻为"城市的盲肠"，成为投资失败的代名词。作为买房者而言，购买期房时遭遇烂尾楼是最不愿看到的事情，这就导致买房者无可避免地处于弱势地位。与其事发后费尽心力，不如事前利用好手中的主动权做好防范。而这些半途而废的楼盘，主要由以下原因造成。

◆ 市场定位失误，迫使投资者停工求变。

◆ 房地产业发展大大超前于地区经济发展水平。

◆ 资金来源缺失，不得不停工等待；在建楼盘的开发商破产、缺乏建设资金、项目涉及经济纠纷、开发商违法违规而导致工程停工等。

不过，其中出现最多的还是因为资金链条断裂，工程未完，开发商已经拿不出钱来，银行也不愿继续贷款，而项目又无法转让给其他投资人，最终就形成了无人问津的烂尾楼，让购房者无所适从。此时，买房者最关心的可能就是如何避免买到烂尾楼。下面就来看看。

（1）综合考察开发商实力。从注册资金、开发资历等综合内容，可以判断出开发商的开发资质等级。资质等级分为4个等级，一级为最高，四级为最低，如果开发商的资质是一级或二级，则说明开发商的实力还算不错，选择这样的开发商，可以降低楼盘出现烂尾概率。

（2）考察开发商的信誉。首先，了解开发商的口碑情况，本地开发商的影响力一般较大，亲朋好友总有知道该开发商的，看看他们对该开发商的印象如何。其次，了解开发商以往开发过的楼盘，上网查询业主论坛或直接向入住的业主了解小区工程质量、物业管理及是否按期交房等方面的内容。

（3）把握合适的购房时机。根据相关统计，房屋主体工程已经完成2/3的时候，出现烂尾的概率通常较低（不排除特殊情况）。许多买房者受到内部认购、单位团购及房屋预售等低价诱惑，在项目工程还没有打地基就仓促交钱。这部分买房者不知道的是，没有动工意味着手续没到位，规划能否通过还是个未知数，特别是城中村改造项目，存在较多无法预料的风险。

（4）查看项目楼盘的手续。可以合法出售的房屋，需要"五证"齐全。购买"五证"齐全的房屋，不仅可以有效避免烂尾楼，还有利于后期办理不动产权证。如果"五证"不齐全，则意味着房屋手续不全，办理不动产权证就会遇到很多阻碍。

现房变期房，别让粗心害了你

没有不动产权证（或者房产证和土地使用证）的房屋，无论是已经修建好或是已经有人入住，都只能按期房的形式出售。对于这种类型房屋，买房者不仅要核查开发商的预售许可证，还要确定该房屋是否被抵押。千万不要认为已经有人入住，就可以万无一失。

案例陈述

昆明市某企业部门经理刘先生准备年内结婚，所以比较着急买房。刘先生与未婚妻商量后决定购买一套现房，这样可以在婚前装修入住。恰好，刘先生有一个朋友在昆明市某小区购买了一套住房，而自己和未婚妻曾经也受邀去参加过朋友的新居乔迁，二人都觉得那套房子非常不错。此时，两人都有购买该小区房屋的意向，并最终决定购买。

刘先生与未婚妻担心购买晚了，好房子都被别人选走了，于是急急忙忙地去选了一套房屋，当天就与开发商签订了购房合同，并一次性付清了所有的房款。接着两人就高高兴兴地装修了房屋，然后搬进了新房。

不过，让他们怎么也想不到的是，一年多过去了，开发商还没有将其不动产权证办下来。这下两人开始着急了，经过仔细查问才知道，自己当时购买的房子并不是现房。当时以为朋友都已经入住，肯定是现房，也就没有查看开发商售房的相关证件。而真实情况就是该楼盘的项目工程处于收尾期间，开发商的资金链断裂，出现严重的资金不足，此时就只能将未预售的房屋全部拿去银行抵押，以获取工程继续开展下去的资金。但到目前为止，开发商的资金都还没回笼，也就无法立刻归还银行的贷款，最终导致无法办理不动产证。

从上面的例子中可以看出，刘先生购买的房屋是已经完工且正在销售的房屋，应该属于现房，但因为刘先生在购买时的粗心大意，掉入了开发商的卖房陷阱中，最终使现房变期房。实际上，由于每套房屋都有独立的产权，可以分别进行抵押，即便是一个小区中的其他业主具有不动产证，也不能说明自己的房屋不会存在问题。因此，买房者在购买现房时也要特别谨慎，避免掉入期房陷阱。

认筹，不是清流是泥石流

期房不像现房，现房是看得见摸得着的，买房者在签订购房合同前对房屋的具体状况可以一目了然。但在买期房时，工地上只有在建工程，甚至有的期房都还没有开建，只是一块挖得破烂的地皮。买房者只能通过开发商提供的宣传广告上的美丽蓝图了解该楼盘，这极容易被误导，许多买房者也担心被宣传册或沙盘迷惑，都处于观望阶段。

为了进一步刺激买房者下定决心买房，开发商常用的手段就是认筹。即买房者交付一定金额的钱，先排上一个号，等到正式开盘时，可以直接选房，选房成功后还可以享受一定的优惠。这其实只是开发商的一种营销手段，目的在于融资和蓄客。

开发商会依据认筹的情况，来判断楼盘的受关注度，然后通过开会讨论决定最终的开盘价格。大多数情况下，买房者认筹的数量大于推出的房源数量时，开发商就会在开盘时推出摇号的环节。当然，也有一些是根据认筹的先后顺序来选房。因此，认筹过程中主要存在以下几点风险。

- ◆ **变相融资**：开发商向客户收取认筹款，实际上是一种融资方式，万一楼盘出现问题，开发商就可能卷款逃跑，买房者只能自己吃"闷亏"。
- ◆ **虚假火热**：开发商喜欢营造出楼盘卖得很火，排队都买不上的假象。事实上，楼盘是不是真的卖得好，买房者很难知道，但制造出虚假火热的现象后，会吸引更多买房者主动交认筹款。
- ◆ **拉高房价**：认筹期间，许多开发商并不会告诉买房者具体开盘价格是多少。如果认筹的买房者较多，开发商就会拉高房价，然后打点小折扣，其实，买房者并没有真正享受到 VIP 的待遇。
- ◆ **无法退款**：由于期房在建时不会签订购房合同，所以认筹不具备法律效力。当认筹款用合同明确为定金后，买房者因个人原因拒绝买房，将无法退回以"认筹款"为名的定金。因此，消费者在付款前，一定要明确"认筹款""诚意金"及"会员费"等收费到底属于哪种款项，以免造成不必要的损失。

通常情况下，开发商在推出房屋认筹活动时，该房屋都还是期房，没有取得《商品房销售许可证》。此时，买房者千万不能盲目跟风，多数时候是开发商自己造势出来的现象，一定要根据自己的需求去辨别，牢记"买期房，有风险"的警语。

合同签订不简单，如何识破合同陷阱

买房签合同是所有买房者都会经历的过程，合同既是买房者的买房凭证，也是买房者维权的法律依据。在房地产市场中，房产纠纷并不少见，为了达成交易，一些楼盘销售人员会对买房者做出许多不负责的承诺，许多买房者就是因为这些承诺而买房。但是这些承诺并不写在合同中，或者合同中出现许多模棱两可的内容，使得买房者不知不觉中走进了合同陷阱中。

警惕房产售后"包租"陷阱

售后包租是一种常见的房地产销售模式，指房地产开发商以在一定期限内承租或者代为出租买受人所购商品房的方式销售商品房的行为。由于此种销售模式既为开发商赢得充足的回笼资金，被开发商所追捧，又为买房者提供稳定、高额的投资报酬，因此，受到许多买房者的青睐。

在房屋买卖过程中，开发商往往利用优势地位对合同条款进行精明设计，使得买房者既无法寻求法律的帮助，也无法通过民事救济弥补损失。

案例陈述

某商业地产酒店式公寓位于某市的中心区域，地理位置极佳，加上开发商承诺"包租 10 年"，尽管单价高达每平方米约两万元，许多买房者还是毫不犹豫地买下一套，姜女士就是其中一位。

买房后，姜女士与开发商指定的物业公司签了一份长达 10 年的"包租"合同，约定前 3 年每年的投资回报率为房价的 6%，后 7 年投资回报率为浮动回报率，具体看酒店式公寓的经营水平。但 3 年还没有过去，姜女士所租房子的实际回报率下滑到了 3%，甚至低于银行存款利率。由于姜女士购买该酒店式公寓的目的是用于投资，这么低的回报率令她很难接受。

因此，姜女士与其他业主都认为，物业公司在经营方面存在"猫腻"，成本里有许多不合理开支项目，造成了他们收益的大幅缩水。由于姜女士买房时的 A 开发商已经变成了现在的 B 开发商，所以业主、A 开发商、B 开发商、签"包租"合同的物业公司以及管理酒店式公寓的管理公司，都存在着十分复杂的法律关系。为了早日解决这样的纠纷，B 开发商就明确表示愿意通过法律途径来处理。

从上面的例子中可以看出，开发商虽然采取了"包租"方式销售楼盘，但其中却暗藏"陷阱"。虽然 B 开发商愿意通过法律途径解决问题，但是姜女士与其他业主是自愿签订合同的，投资有赚有亏，不能因为亏了就找开发商讨说法。所以买房者在签订合同过程中，针对这种"包租"情况，一定要先将收益情况的相关条款商讨清楚，并将其添加到购房合同中。

合同未清楚标明飘窗是否赠送，责任双方来承担

对于买房者来说，在购房合同中必须要标明房屋的基本信息，如面积、户型、单位号以及具体地址等，这些基本信息还必须按照不动产证上标明的为准，特别是建筑面积，如果建筑面积写错了，则可能需要买房者买单。另外，除了房屋的基本情况外，付款时间也需要特别标明，不能随意进行口头约定。

案例陈述

2015 年 4 月，李先生购买了某开发商新项目中的一套现房，并签订购房合同，合同中约定的建筑面积为 98 平方米。李先生结清购房款后，在不动产证上发现建筑面积登记为 88 平方米，究其原因，发现飘窗台到天花板的高度存在问题。根据规定，飘窗的这个高度如果低于 2.2 米，即不计入建筑面积，所以造成了房屋面积的"缩水"。于是，林先生为了维护自己的合法权益，向法院提起了诉讼，并要求开发商按照合同约定，双倍返还面积差中的购房款。

经法院审理后认为，对房屋飘窗低于 2.2 米是否支付价款，购房合同中并没有做出明确的约定，为此双方都有责任。由于飘窗部分具有一定的使用价值，李先生应该支付相应的建筑成本，但考虑到该部分面积与正常房屋存在差别，李先生按正常房屋价

格交纳房款有失公平，所以开发商应该返还李先生 50% 的购房款。

从上面的例子中可以看出，虽然规定飘窗低于 2.2 米不计入建筑面积，但在合同中并没有明确标明出来。李先生作为买房者，由于没有认真核实购房合同上的基本信息，以至于掉入了开发商的合同陷阱，最终多支付了部分购房款。

合同未明确费用的交接时间和方式

对于新房来说，常见的费用就是房款、契税以及物业费等，这些费用基本是按照规定交纳，不会出现什么问题。而二手房不同，它所涉及的费用就很复杂，如水电费、燃气费、物业费、有线电视费以及暖气费，而且有的费用需要提前预交，有的费用需要年底结算，这就需要在二手房买卖合同中标注清楚，不然也容易引起纠纷，或者说卖房者故意隐瞒某些费用的交纳时间与方式，进而损害买房者的权益。

案例陈述

2014 年 8 月，为了让孩子上学更加方便，余女士在某中学附近购买了一套二手房，通过中介机构和卖房者完成了房屋买卖，并办理了相关的过户手续。

一个月之后，余女士搬进了新买的二手房中，才想到卖房者曾经提到过，有线电视费快要到期了。于是，余女士在第二天就去了有线电视公司，而该公司的工作人员却告诉余女士，从 2012 年开始，余女士所在房屋已经拖欠了 1000 多元的有线电视费，如果不补交就要停止播放电视。

此时，余女士却认为，2014年8月之前的有线电视费是原来的房主拖欠，并不应该由自己来承担。而有线电视公司却认为，余女士与原来的房主进行房屋买卖后，并没有来办理有线电视过户手续，且没有结清欠款，这主要是余女士自己没有注意房屋买卖合同中各种费用的结算造成的，该笔费用就应该由现在的房主即余女士承担。最终，余女士为了有线电视不被停用，只能自己吃亏补交欠款。

从上面的例子中可以看出，类似这样的陷阱，主要是买房者不够细心，没有将合同中提到的各项条款阅读清楚，并做好相关的交接，直接就签字完成了房屋的买卖。

违约责任和补充条款模棱两可

在房屋交易的过程中，买房者与开发商都有可能因为某些原因而出现违约，许多买房者只关注签约、房款以及过户等问题，而忽略了可能违约的情况。因此，买房者需要要求开发商在购房合同中标明各种违约的负责主体以及违约如何赔偿等，这样才能有效约束违约行为。另外，在履行购房合同时，有些问题可能一时无法确定，此时就可以通过附加条款来明确，避免交房后为自己带来麻烦。

案例陈述

2015年7月，杨小姐与唐先生签订一份房屋买卖协议，约定唐先生出售一套二手房，房屋总价格为86万元，杨小姐需要先交纳5万元的定金，剩余房款将于2015年10月前付清。

后来，杨小姐发现唐先生的房子正处于抵押期间，且抵押的贷款在卖房时尚未还清，而杨小姐与唐先生沟通无果。于是，杨小姐诉至法院，认为唐先生未告知出售的房屋处于抵押状态，要求撤销房屋买卖协议，并要求唐先生返还定金及做出赔偿。

两个月后，唐先生向房屋抵押贷款的银行申请出售抵押房屋。银行批示，只要唐先生办妥贷款结清手续，即可为其办理出售房屋的撤销抵押手续。

经法院审理认为，杨小姐与唐先生就房屋买卖达成的协议，属于双方当事人的真实意愿。买卖的房屋虽然被抵押，但法律并未禁止房屋所有权人对抵押的房产进行转让，同时杨小姐也不能证明唐先生存在故意隐瞒有关该房屋真实情况的情形，所以当事人签订的协议依然有效。

从上面的例子中可以看出，由于杨小姐在签订房屋买卖协议时，并没有注意唐先生的房子是否做过抵押，以至于交了定金才后悔。

幸运的是唐先生向银行申请房屋解押时，银行同意了批示，即可视为抵押权人同意。《物权法》第一百九十一条规定："抵押期间，抵押人经抵押权人同意转让抵押财产的，应当将转让所得的价款向抵押权人提前清偿债务或者提存。转让的价款超过债权数额的部分归抵押人所有，不足部分由债务人清偿。抵押期间，抵押人未经抵押权人同意，不得转让抵押财产，但受让人代为清偿债务消灭抵押权的除外。"

因此，杨小姐的诉讼请求没有得到法院的支持。不过此事也说明，买房者要对即将进行买卖的房屋进行多方面的了解，特别要注意该房屋是否有被抵押、查封以及以其他形式限制房产权利等情况存在。

房产中介秘密多，八大陷阱须小心

在第 8 章中介绍了"黑中介"的诈骗手法。除了"黑中介"以外，某些所谓的正规中介机构也不完全可信，因为它们都是利益至上的。中介机构可能不会明面上做出一些损害买房者利益的事情，但为了能将房屋销售出去，必要时也会为买房者设置一些陷阱，并将自己的责任风险降到最低。

发布虚假房源、吃差价乱收费以及哄抬房价等，房产中介设的各种陷阱让所有买房者防不胜防。那么，常见的房产中介陷阱有哪些？又该如何规避呢？下面就来看看。

◆ 刻意掩盖并隐瞒房屋瑕疵

对于房产中介来说，如果要代理销售开发商的房屋，则应该严格对房产进行审查。但在实际操作中，许多房产中介并不对房产进行审查或审查不严格，然后直接开始销售，并积极向买房者推荐。甚至有的房产中介为了赚取中介费，即便是知道房产不符合销售资格，还是继续销售，同时不向买房者如实告知相关信息，如房屋的修建时间、使用缺陷、配套设施以及产权归属等情况。

另外，有的房产中介还在查看到房屋存在问题时，建议开发商掩盖房屋存在的质量、瑕疵等问题。

◆ 故意隐瞒信息赚取"差价"

一般来说，部分大型房产中介机构没有收房业务，所以不存在吃差价的情况，但其代理费却比较高。而有部分房产中介机构还是存在吃差价的现象，但代理费会相对便宜一些。

案例陈述

2016 年 2 月，吴先生在某中介机构处看中了一套售价为 96 万元、面积为 92 平方米的精装修房屋，其中中介费和各项税费为 3 万元。于是，吴先生当即支付了 1 万元定金。

然而，吴先生在与中介机构签订合同后才发现，不动产证上的面积只有 81.6 平方米，且吴先生与中介机构签订的合同并不是购房合同，而只是房屋买卖合同。由于吴先生当时急着买房入住，并没有与中介机构过多理论。

后来搬进新房后，吴先生通过邻居才惊异地发现，邻居的房子与自己的房子一模一样，与自己的购买时间相近，却要便宜 6 万元，即中介机构从中赚取了 6 万元的巨额差价。

从上面的例子中可以看出，吴先生之所以被中介机构吃差价，是因为对楼盘信息不了解，如果在中介机构处选好房屋，不急于签订合同，先去网上或楼盘现场稍微了解一下，就不容易陷入中介的陷阱。其实，吃差价在房产中介行业中已经是一个由来已久的现象，这主要是因为房产中介行业面临着生存压力，所以进行着一些不规范的操作。

◆ 设置霸王条款规避责任

不管是相对开发商，还是相对房产中介，买房者总是较为弱势的一方。因此，也就有部分房产中介在房屋买卖合同中故意不标明项目的要求和标准，以规避自身的责任。

另外，还有一些房产中介在与买房者签订房屋买卖合同时，会单方面地制定"霸王条款"。例如，利用代收房款业务在合同中设置的退房条款中，如果买房者要退房，则需要交纳高额的违约金。又或者买房者在选购房屋时，不管最终是否成交，都需要交纳一定金额的中介费用。

◆ 不正规房产中介摘抄信息骗人

一些才成立不久的房产中介，在还没有取得相关房产方面的中介资质的前提下，就开始从事房产销售，此时可以将这些中介机构看作是在进行违法的房产中介活动。例如，某些小卖部、小餐馆等挂出售房信息，都在进行房产中介活动。

这些房产中介所获得的房源信息几乎都是从网络或各种中介机构处获得。此时，这些房源信息就值得深究了，因为来源比较复杂，且真实性并没有得到有效核实。当买房者已经交纳定金后，可能已经联系不到"房产中介"了。

◆ 以看房为名骗取看房费

每个房产中介机构除了遵守相关机构规定的法律法规外，还有自己内部的一些规定。最常见的一个规定就是某些房产中介实行免费登记，付费看房。例如，李女士登记的信息是"市中心一套两室一厅，80 平方米左右的新房"，于是中介就要求她支付 50 元的"看房费"。几天后，中介联系李女士去看房子。看完之后李女士并不满意，但房产中介却坚决说"看房费"不能退，此时李女士也就白白浪费了 50 元钱。

◆ 代办公积金贷款要交疏通费

吴小姐在本地一家房产中介选购房屋时，一名工作人员热情地对她进行了接待。当吴小姐向其咨询："如果是公积金贷款，什么时候可以办理下来？"这名工作人员悄悄回答说："我们公司在公积金管理中心和银行都有朋友，如果你着急，不用排队就可以快速办理贷款，不过需要收取一定的关系费。"随后，吴小姐又咨询了其他房产中介公司，工作人员都称按照成交额的 1.2% 收取中介费，并没有说到相关的公积金贷款关系费。其实，中介公司所说的朋友，纯属于欺骗买房者。

公积金贷款完全按照公平、公正及严格考核的原则排队办理，公积金管理中心和银行也严格禁止违规的事情出现。因此，买房者在选择房产中介公司时，千万要避免掉入此类陷阱中。

◆ 中介合同规避责任

买房者在购买房屋时，觉得购房合同非常重要，就将注意力集中在了对购房合同条款的分析上，而忽略了中介合同也存在陷阱。中介合同的陷阱主要表现在约定买卖双方应该承担的违约责任，而对自身需要提供的具体服务内容及违约责任很少提及，甚至还会想尽办法来设立规避责任条款，将自己从合同中"摘出去"。

案例陈述

半年前，李先生与某中介公司签订了一份中介合同，表示接受对方服务并支付佣金。在签订合同时，李先生看到中介公司提供的合同文本比较简单，特别是服务内容方面很少提及。于是，李先生就提出异议，认为需要补充一些与服务有关的内容，以免日后发生纠纷。但工作人员对其表示，公司墙上贴有工作流程，从看房到协助签订购房合同、办理贷款等手续，直到最后交房，这就相当于具体服务内容。另外，工作人员还明确说明，如果房屋的各种证件没有办理下来，将不收取任何费用。

不过，事情的发展却超出了李先生的意料，在交房之后李先生迟迟没有得到不动产证。李先生就要求中介公司来解决该问题，但中介公司以不动产证由开发商管理为由对他的要求不予理睬。于是，李先生拒绝支付最后一笔佣金，并要求解除买卖合同。但中介表示，签订买卖合同后，就应该支付佣金，因此认为李先生违约，所以将他告上了法庭。

从上面的例子来看，中介合同本来是用来约束中介公司和买卖房者，各方的权利和义务应该对等。但由于合同内容由中介公司提供，其中隐藏着许多陷阱，对买房者毫无公平可言。

中介合同中常见的陷阱是合同中的内容绝大部分是针对买卖双方的责任，如买卖双方违约后需要承担怎样的责任，需要支付多少违约金，但对于中介公司需要提供哪些服务项目，中介公司违约后需要承担的责任等只字不提。因此，买房者在签订中介合同时，千万不能急躁，也不要忙于签字，一定要将各个条款看清楚了再签字，不明白的地方一定要预先指出来。一旦中介违约，可据此来主张权利，要求赔偿。

◆ 低价房源多为钓鱼

不管是中介公司门店立在门口的广告牌上或玻璃橱窗上，还是中介公司网站的房源信息中，总是可以发现报价比较吸引买房者眼球的房屋信息。事实上，这些根本不存在的房源信息，其实是用来"钓鱼"的诱饵，其作用就是让买房者主动进入中介公司的门店或者打电话去咨询，从而使中介公司的工作人员有机会接触到更多的潜在买房者。

通常情况下，中介公司都会囤积一大批客户，一旦出现低价房源就会及时通知这些诚意客户，而且也能很快成交，根本不用挂牌。另外，现在的房源很难做到独家代理，因此对于那些低价房，各个中介公司都会争取在极短时间内把它推销出去，根本没有时间挂出去再等待客户上门。因此，买房者遇到这种情况最好直接忽略，避免上当受骗。

当买房者花费了大量的时间与精力，才选购出了一套综合方面都比较满意的房屋时，却在毫无防备的情况下掉入了买房陷阱。对于买房者而言，这就是一件"欲哭无泪"的事情。因此，在选房过程中不仅要把握好各种选房细节与技巧，更要注意房产广告、合同签订及房产中介等事项中可能出现的陷阱，争取结合这些知识买到一套真正实惠又满意的房屋。

读 者 意 见 反 馈 表

亲爱的读者：

感谢您对中国铁道出版社的支持，您的建议是我们不断改进工作的信息来源，您的需求是我们不断开拓创新的基础。为了更好地服务读者，出版更多的精品图书，希望您能在百忙之中抽出时间填写这份意见反馈表发给我们。随书纸制表格请在填好后剪下寄到：北京市西城区右安门西街8号中国铁道出版社综合编辑部 张亚慧 收（邮编：100054）。或者采用传真（010-63549458）方式发送。此外，读者也可以直接通过电子邮件把意见反馈给我们，E-mail地址是：lampard@vip.163.com。我们将选出意见中肯的热心读者，赠送本社的其他图书作为奖励。同时，我们将充分考虑您的意见和建议，并尽可能地给您满意的答复。谢谢！

-- --

所购书名：_____

个人资料：

姓名：_____ 性别：_____ 年龄：_____ 文化程度：_____

职业：_____ 电话：_____ E-mail：_____

通信地址：_____ 邮编：_____

您是如何得知本书的：

□书店宣传 □网络宣传 □展会促销 □出版社图书目录 □老师指定 □杂志、报纸等的介绍 □别人推荐
□其他（请指明）_____

您从何处得到本书的：

□书店 □邮购 □商场、超市等卖场 □图书销售的网站 □培训学校 □其他

影响您购买本书的因素（可多选）：

□内容实用 □价格合理 □装帧设计精美 □带多媒体教学光盘 □优惠促销 □书评广告 □出版社知名度
□作者名气 □工作、生活和学习的需要 □其他

您对本书封面设计的满意程度：

□很满意 □比较满意 □一般 □不满意 □改进建议

您对本书的总体满意程度：

从文字的角度 □很满意 □比较满意 □一般 □不满意
从技术的角度 □很满意 □比较满意 □一般 □不满意

您希望书中图的比例是多少：

□少量的图片辅以大量的文字 □图文比例相当 □大量的图片辅以少量的文字

您希望本书的定价是多少：

本书最令您满意的是：

1.
2.

您在使用本书时遇到哪些困难：

1.
2.

您希望本书在哪些方面进行改进：

1.
2.

您需要购买哪些方面的图书？对我社现有图书有什么好的建议？

您更喜欢阅读哪些类型和层次的计算机书籍（可多选）？

□入门类 □精通类 □综合类 □问答类 □图解类 □查询手册类 □实例教程类

您在学习计算机的过程中有什么困难？

您的其他要求：